AF174387

¡Sssssshhhhhhhhhhh!

Haz del teatro algo íntimo

Llévalo siempre en el bolsillo

Cubierta y diseño editorial: Éride, Diseño Gráfico
Dirección editorial: ángel jiménez

Primera edición: enero, 2025

infidelidades, venganzas y erecciones generales
© Jorge Cuadros
© VdB, 2025
Espronceda, 5
28003 Madrid

VdB®

ISBN: 978-84-19850-97-3
Depósito Legal: M-2141-2025
Diseño y preimpresión: Éride, Diseño Gráfico

 Este libro protege el entorno

infidelidades, venganzas
y erecciones generales

Jorge Cuadros

Doctor en Ciencias Biológicas, Máster en Hipnosis Clínica, Embriólogo Clínico Senior, ha escrito durante más de cuarenta años sobre ciencia y divulgación científica. Ha coordinado la edición del *Cuaderno de Embriología* de la Asociación para el Estudio de la Biología de la Reproducción, de cuya revista científica fue responsable. También ha coordinado la edición de los cinco libros publicados por la Sociedad Hipnológica Científica, cuya revista científica dirige. Ha coescrito con Magali Vargas el libro *Hipnosis y la Biología del Bienestar*, sobre el método hipnótico original desarrollado por ambos, metaFour-a®. En 2022 decidió apuntarse a los cursos de escritura de guiones de Paco López Barrio. Dos años después, tiene terminadas las primeras versiones de cuatro guiones de largometraje, uno de ellos un *thriller* psicológico de acción y misterio, uno de terror con erotismo, un trágico drama amoroso y la versión para cine de la presente, su primera obra para teatro. Ha coescrito con Miguel Fernández-Pacheco, prolífico y multipremiado ilustrador y escritor de novelas, creador *Los Electroduendes* de La Bola de Cristal, la novela *Amor y Más Allá*, una fábula fantástica y deliciosa. En la actualidad, está escribiendo su primera novela en solitario, una comedia donde la religiosidad y el sexo caminan de la mano amistosamente.

JORGE CUADROS

infidelidades, venganzas
y erecciones generales

Personajes

PEPE.
CARMEN.
MÓNICA.
BETTY.
PSICOANALISTA.
RUBÉN.
VOZ

Acto único

*Un apartamento en un edificio de Madrid. En
el centro del salón, un sofá de tres cuerpos.
En el fondo, un armario grande de dos puer-
tas. Al lado derecho hay una estantería con
libros, con un reproductor de música, y una
pequeña mesa con cuatro sillas, que comple-
tan el mobiliario. Un cutre arbolito navide-
ño en la estantería marca la señalada fecha.
El telefonillo que abre el portal del edificio se
encuentra a la izquierda, cerca de la entrada. Se escucha que la puerta del apartamento se abre y se cierra con un golpe. Sale a escena una mujer guapa, alrededor de los cuarenta, muy bien llevados, vestida elegante,
con traje de falda y chaqueta, y un pequeño
bolso de marca colgado del hombro, hablando por el móvil.*
Y así, comienza la acción...

BETTY   *(Acelerada. Con evidente acento francés.)*
               Oui, oui, ya estoy dentro. *(Irónica.)* Muy
               ingenioso lo de dejar la llave bajo el felpu-
               do. Ve usted muchas películas. *Oui...* No,
               toqué los botones de todos los telefonillos
               y alguien me abrió. *(La mujer ríe con una ri-
               sa aguda.)* Lo aprendí aquí. Los madrileños

sois muy... *Comment se dit?* Hospitalarios,
eso es. *(Silencio. La mujer mira con interés
el apartamento.)* Sí, sí... yo creo que ser-
virá. Aunque el precio me sigue parecien-
do excesivo. *(Con sorna.)* El palacio que
me mostrasteis en las imágenes ha merma-
do significativamente. Mi enhorabuena a su
fotógrafo. *(Silencio. La mujer continúa revi-
sando los rincones del salón.) Oui...* valdrá
para nuestro objetivo. Está bien... tenemos
trato. Mis abogados se pondrán en contacto con usted para ultimar los detalles. *(Silencio.) D'accord. (Con voz aguda.)* ¿Quiere
que le vuelva a dejar la llave bajo el felpu-
do? ¿No? *(Silencio.)* No, claro. *(Sarcástica.)*
¡No se le vaya a ocurrir a alguien mirar debajo! *(Silencio.) Oui,* otra copia puede ser-
nos útil, aunque no tenga la del portal.
(Mira en la estantería.) Aquí están los dos
juegos completos. *Très bien. Au revoir. (La
mujer cuelga. Guarda el móvil en el bolso.
Echa otro vistazo al apartamento. Sonríe com-
placida. Habla hacia el público.)* Mi nom-
bre es Betty Lumière. Beatriz. Mi madre es
española. Pero todos me llaman Betty. Soy
una famosa empresaria francesa. Habitual
de las revistas del corazón, además de las
de economía. Poseo diversas empresas de
éxito en *la France*. Y ahora me he propues-
to extender una de ellas, la de organización de eventos, a España. En Francia, no
hay comida de empresa, cena navideña, o
cualquier evento de cierto nivel, que no pase

por mis manos. A los españoles les gusta mucho la fiesta y, si la paga el jefe, les gusta más. *(Ríe con su risa aguda.)* Así que he decidido abrir una sucursal en Madrid desde la que dirigiremos la implantación de Empresas Lumière en España. A partir de ahora, si cualquier empresario español quiere organizar un evento, reducir el estrés de su equipo con un *Paintball*, un *Escape Room*… una orgía… ¡Es broma!, *(Pícara.)* pero podemos organizar lo que su empresa necesite. *(Guiña un ojo y saca el móvil del bolso. Marca un número de su agenda. Le contestan y habla.)* Chéri, tenemos el apartamento. *Oui*… es cómodo… sin lujos. *(Repasa las instalaciones del apartamento.)* Pero tampoco hacía falta que tuviera lujos, ¿verdad? Realmente, será una oficina en la que además vivirás. *(Entusiasmada.)* ¡La primera sede de Empresas Lumière en España! La primera de muchas. *(Silencio. Vuelve a mirar los rincones del apartamento.)* Que sí… podemos arreglarlo un poco… pero, recuerda, es una oficina, no un picadero. *(Silencio.)* ¿Que qué quiero decir? Que nos conocemos, *chéri*, y más vale que te comportes durante el tiempo que vas a estar solo en Madrid. *(Silencio.)* ¿Por qué? ¿Quieres que te lo recuerde? ¿No? La última vez que te dejé solo encontré bragas hasta en el frigorífico. *(Silencio.)* Sí. Negocios. ¿Cómo se dice en español…? Sí… y yo me chupo el dedo. A partir de ahora los negocios los vas a hacer con los pantalones subidos. (*Silencio.*) Sí... Tú no hiciste nada. Eres un santo que organiza bacanales. (*Silencio. Seria.*) Mira, Pepe, vamos a dejarnos de tonterías. Somos profesionales, soy tu jefa y este es un proyecto muy importante para la empresa. Prepara ya tu equipaje. Te trasladas de inmediato. (*Fingiendo pena.*) París y yo te echaremos de menos, *chéri. Bye.* (*BETTY corta la comunicación y guarda el móvil en el bolso. Se dirige al público con gran entusiasmo.*) ¡Sed bienvenidos al centro de operaciones de Empresas Lumière en Madrid!

(*Exultante,* BETTY *hace mutis mientras la luz baja de intensidad y suena de fondo «Black Betty» de Ram Jam. La luz sube de intensidad. La música baja y cesa. Se escucha que la puerta del apartamento se abre y se cierra unos segundos después con un golpe seco. Salen a escena* PEPE *y* CARMEN. *Él, sobre los cuarenta, viste elegante pero informal, con americana, sin corbata. Ella, sobre los treinta, viste traje de azafata de avión, con chaqueta, y un pequeño bolso de mano que cuelga de su brazo. Entran en escena abrazados y besándose con una cómica y aparentemente tórrida pasión.*)

PEPE   (*Cachondo.*) ¡Carmen...!

(PEPE *se quita la americana, que cae al suelo.*)

CARMEN   (*Apasionada.*) ¡Pepe...! (*Abrazados, metiéndose mano, se desplazan hasta colocarse delante del sofá.* CARMEN *deja caer el bolso y se quita la chaqueta del uniforme, que también cae al suelo. Intenta deshacerse torpemente de los zapatos de tacón y casi tropieza. Consigue quitarse los zapatos sin dejar de meter mano a* PEPE. *Continúan besándose cuando, de pronto, la joven se inclina y se lleva la mano a la pantorrilla derecha.*) Ay... ¡el calambre! ay, ay, ¡aaaayyy!

(CARMEN *se sienta en el suelo intentando flexionar el pie para estirar los gemelos.*)

PEPE   (*Fastidiado.*) ¿Qué hago?

(CARMEN *señala su pie derecho.*)

CARMEN   ¡El pie... empuja...! ¡Ya...! (PEPE *fuerza la flexión del pie durante varios segundos.* CARMEN *se estira en el suelo. Su expresión indica que el dolor comienza a remitir.* PEPE *suelta el pie y empieza a masajear la pierna de* CARMEN, *primero la pantorrilla, luego va ascendiendo por encima de la rodilla y acaricia con deseo el muslo de* CARMEN. *La joven y sus gemelos se relajan. Aliviada.*) Ya va pasando... me ocurre con frecuencia.

(CARMEN *se yergue y* PEPE *la ayuda a ponerse en pie.*)

PEPE	(*Más aliviado aún.*) Y… ¿qué puedes hacer?
	(CARMEN *ya de pie.*)
CARMEN	Magnesio. Debería tomarlo, pero se me olvida. (*Se miran y, de golpe, se vuelven a abrazar con lujuria. Luego,* PEPE *levanta la blusa de* CARMEN *por encima de la cabeza, dejándola en sujetador. Deja caer la blusa al suelo.* CARMEN *baja la cremallera de su falda, que también cae al suelo. La joven le da una patada a la falda y se queda en bragas. Con una pasión desenfrenada, vuelven a besarse y, sin dejar de hacerlo, se dejan caer en el sofá. Nada más tumbarse en él,* PEPE *sobre* CARMEN, *suena el telefonillo, que tiene un zumbido bastante desagradable. Se miran inmóviles.*) ¿Quién…?
PEPE	(*Sorprendido.*) Ni idea… ¿Amazon?
CARMEN	Si son Testigos de Jehová, no les abras.
PEPE	Voy a ver. (PEPE, *que solo se ha despojado de la americana, se acerca al telefonillo en el recibidor.* CARMEN *se queda tumbada en el sofá. Al telefonillo.*) ¿Sí…? (PEPE *queda blanco como el papel. Con la cara desencajada, hace cómicos gestos de no saber qué hacer o decir, sin embargo, reacciona rápidamente. Alzando la voz.*) ¡Mónica! ¡cariño! ¡te abro! (CARMEN *se levanta del sofá de un salto.* PEPE

acciona la apertura del portal del edificio y cuelga el telefonillo. CARMEN *está en sujetador y bragas, pálida e inmóvil como una estatua.* Nervioso.) ¡Rápido! ¡Al armario...!

CARMEN   ¿En serio...?

PEPE   ¡Lo sé, pero no se me ocurre otro sitio!

(PEPE *abre la puerta de la derecha del armario.* CARMEN, *con prisas, se mete entre los abrigos largos de invierno.* PEPE, *frenético y con gestos exagerados, cierra rápidamente la puerta, cuando ve la falda de* CARMEN *en el suelo. Recoge la falda, la blusa y la chaqueta. Abre la puerta del armario donde está* CARMEN *y le tira la ropa a la cara. Cierra la puerta. Se acomoda la ropa. Segundos después,* CARMEN, *desde dentro del armario, grita asustada.*)

CARMEN   ¡Ahhg...! (PEPE *pega un salto.* CARMEN *abre la puerta y asoma la cabeza.*) ¿Qué cojones tienes aquí? (*Suena el timbre del apartamento.* CARMEN *cierra la puerta del armario.* PEPE *ve los zapatos de tacón de* CARMEN. *Los recoge, corre al armario, abre la puerta.* CARMEN, *además de su ropa, tiene en una mano el móvil con la pantalla iluminada y en la otra una máscara de látex. Se la muestra a* PEPE, *que mira la máscara.*) ¿Qué clase de eventos organizas, Pepe?

PEPE   ¡Ssshhh! ¡Que ya está aquí!

        (PEPE *tira los zapatos a los pies de* CARMEN. *Cierra la puerta.*)

CARMEN (*Dolorida.*) ¡Ay…!

        (*El timbre vuelve a sonar.* PEPE *recoge su americana y la tira sobre el sofá. Corre a abrir. Sale a escena* MÓNICA, *treintañera, viste un traje de azafata similar al de* CARMEN, *pero de otra compañía aérea. Viste además un abrigo largo ligero. Entra al salón taconeando, con prisas, tirando de una pequeña maleta de viaje.*)

MÓNICA Amore! ¿A que te he sorprendido?

        (MÓNICA *da un pico a* PEPE *y hace mutis llevando su maleta al dormitorio.* PEPE *de pronto mira el pequeño bolso de* CARMEN *en el suelo. Corre a esconderlo debajo de uno de los cojines del sofá.*)

PEPE   (*Turbado.*) Y tanto... pero, si volabas hoy...

MÓNICA (*Vuelve a escena acelerada.*) ¡Eso le he dicho a Carmen! ¿y tú cómo lo sabías?

PEPE   ¡No! No…

MÓNICA Da igual. ¡Qué ganas de verte! ¿No te alegras?

PEPE   ¡Sí! ¡Por supuesto...! La sorpresa...

(MÓNICA *se quita el abrigo. Lo deja en el sofá y se sienta. Se quita los zapatos de tacón. Ve la americana de* PEPE.)

MÓNICA   ¿Llegas ahora?

PEPE   (*Obnubilado.*) ¡Ahora mismo! Por poco y coincidimos...

(MÓNICA *coge a* PEPE *del cinturón del pantalón y tira con fuerza de él.*)

MÓNICA   ¡Ven acá!

PEPE   ¡Ahí va!

(PEPE *cae en el sofá, sobre* MÓNICA, *como estuvo hace unos minutos con* CARMEN. MÓNICA *besa a* PEPE *apasionadamente.*)

MÓNICA   ¡Bombón!

(MÓNICA *le da un pequeño mordisco en el labio.*)

PEPE   (*Nervioso.*) ¡Ay, coño!

(MÓNICA *suspende el morreo. Inmóvil e inexpresiva, mira a* PEPE *a los ojos. Lo empuja. Ambos se levantan del sofá.*)

Mónica	Me hago pis... (*Mira su abrigo.*) Puto abrigo ¡Se arruga con mirarlo! Voy a colgarlo.
	(Mónica *coge su abrigo. Al instante,* Pepe *también lo coge, tirando de él. Los dos quedan como tirando del abrigo.*)
Pepe	(*Abrumado.*) ¡Ya lo hago yo...! Si tienes prisa...
	(Mónica, *quieta, vuelve a mirar a* Pepe.)
Mónica	¿Qué te pasa? Da igual. Me meo. (Mónica *suelta el abrigo, se quita la chaqueta, la deja sobre el sofá y hace mutis.* Pepe *abre la puerta del armario en el que está* Carmen. *La joven, aún con la máscara de látex en la mano, mediante señas, lo interroga sobre qué debe hacer.* Pepe, *con el índice sobre los labios, simplemente le indica que guarde silencio. Rápidamente,* Pepe *coge una percha y cuelga el abrigo casi sobre* Carmen. *Cierra el armario.* Mónica *vuelve a escena en bragas y con la blusa abierta. Deja la falda sobre el sofá, al lado de su chaqueta.*) ¡Uf! ¡Qué alivio! Y... ¿Estás bien?
Pepe	¡Sí! Bien...
Mónica	(*Sarcástica.*) No parece que te alegres mucho de verme. (Mónica *bromea echando una mirada evidente a la entrepierna de* Pepe,

en la que no se percibe mayor emoción.
Abriéndose la camisa y mostrándose sexi.)
¿Acaso ya no te pongo?

PEPE   Es que... me has sorprendido... de verdad...

                (La pareja se sienta en el sofá. MÓNICA *abra-*
                za a PEPE *con cariño.)*

MÓNICA   ¡Qué tarde vamos a pasar!

PEPE   Ss... Sí... Pero recuerda que es miércoles...
                A las seis tengo loquero.

MÓNICA   Es verdad... ¿Cómo llevas lo del estrés?

PEPE   Igual... No avanzo mucho.

MÓNICA   Ya... A mí me tocaría ir mañana. Pero, no
                sé... Me arriesgo a cruzarme con Carmen.
                Le dije que volaba hoy a Nueva York.

PEPE   *(Turbado.)* ¿Sí...?

MÓNICA   ¡Sí! ¡Así que no me espera hasta el lunes!

PEPE   *(Atacado de nervios.)* ¡Ah, vale!

MÓNICA   ¡Y tenemos todo el finde para nosotros so-
                los!

PEPE   *(Con una sonrisa forzada.)* ¡Qué bien...!

Mónica	Ella está volando a Amsterdam, pero vuelve esta noche.

(De pronto, se empieza a escuchar una vocecita, primero débil, pero que incrementa su volumen hasta convertirse en un alarido de dolor.)

Carmen	*(Desde el armario.)* No... no... no... Ay, ay... ¡Aaaaaaay...!

(Mónica abre los ojos desmesuradamente. Mira a Pepe que, pálido como un fantasma, esboza un rictus de sonrisa.)

Mónica	¿Qué coño...? *(Mónica se levanta lentamente. Camina dubitativa hacia el armario. Pepe, sentado en el sofá, se recoge escondiendo la cabeza entre los brazos como diciendo «¡trágame tierra!». Mónica intenta abrir la puerta izquierda del armario. Está con llave. Abre de golpe la puerta derecha. Carmen, como «El Extraterrestre» en la película, en bragas y sujetador, con la máscara de látex puesta, asoma entre los abrigos de Pepe. Mónica reconoce tras la máscara los bellos ojos, la nariz respingona y los labios carnosos de Carmen. Consternada.)* ¿Carmen...?

Carmen	*(En shock.)* Los gemelos... ya pasó...

(Mónica cambia radicalmente su ánimo.)

MÓNICA   *(Furiosa.)* ¿Tú? ¿Desde cuándo te van a ti los tíos?

                    (CARMEN se arranca la máscara de látex y la tira al suelo.)

CARMEN   ¡Desde que supe que te lo estabas follando!

MÓNICA   ¡Pero yo he sido «bi» toda-la-«bi»-da!

CARMEN   ¡Una traidora es lo que eres!

                    (MÓNICA mira a CARMEN con furia. Gira para mirar a PEPE con desprecio. Vuelve a CARMEN, que le devuelve una mirada mezcla de temor y orgullo.)

MÓNICA   *(Iracunda.)* Amsterdam...

CARMEN   Sí... Nueva York...

MÓNICA   ¡Vístete, y tira para casa...! *(PEPE coge el bolso de CARMEN de debajo del cojín del sofá. Se levanta y se acerca con prudencia a las chicas. No puede dejar de sonreír hasta convertirse en una mueca terrorífica. CARMEN sale literalmente del armario y, ante la mirada atónita de PEPE, se pone la blusa y la falda. Coge la chaqueta y los zapatos con las manos. MÓNICA increpa a PEPE.)* ¡Y tú!, ¿qué miras...?

(Pepe *no contesta a la pregunta retórica y le alcanza el bolso a* Carmen. *La joven recibe el bolso y hace un gesto de dolor, tocándose la pantorrilla.*)

Carmen   ¡Ay…!

(Mónica *mira a* Carmen *con rabia.*)

Mónica   (*Alzando la voz.*) ¿Y si me hicieras caso y tomaras el magnesio...? (*Silencio.* Carmen *no responde y termina de arreglarse la ropa.* Mónica *se abotona la blusa, se pone la falda y los zapatos, coge su chaqueta con una mano y a* Carmen *con la otra.* Carmen *lleva todavía los zapatos y la chaqueta en la mano libre. Antes de hacer mutis,* Mónica *dirige una mirada de odio a* Pepe. *Lo señala con el índice, que emerge amenazante debajo de la chaqueta. Titubeando.*) Tú… tú… (*Mira la entrepierna de* Pepe.) ¡Qué asco!

(Pepe *se da cuenta de que ahora sí tiene una potente erección. Las dos mujeres salen del apartamento dando un portazo.*)

Pepe   ¡Me cago en el óxido nítrico! ¡Ahora que ya no hace falta!

(Pepe *se deja caer sobre el sofá. La luz baja de intensidad. Suena de fondo «Radar Love» de Golden Earring.* Pepe *coloca en el centro del escenario, dos sillas y hace mutis. La luz sube de intensidad e ilumina las dos sillas, un banco en un parque camino de la casa de las chicas. La música cesa. De un extremo del foro salen a escena* MÓNICA *y* CARMEN, *con sus chaquetas puestas, enfadadas, pero algo más relajadas, caminando separadas, lentamente, como si estuvieran de paseo.* CARMEN *lleva aún los zapatos en la mano. Cuando llegan al banco,* MÓNICA *toma de la mano a* CARMEN, *con delicadeza.*)

MÓNICA   ¡Venga, Carmen! Vamos a sentarnos un poco. ¡Y ponte esos zapatos, por favor, que me está dando frío!

CARMEN   (*Enfadada.*) Estoy bien así... si no te importa.

(*Las dos chicas se sientan.* CARMEN *deja los zapatos en el suelo. Se cogen de las manos. Inicialmente, las dos miran hacia el suelo. Luego,* MÓNICA *mira a* CARMEN *a los ojos, con un arrepentimiento aparentemente sincero.*)

MÓNICA   Mira... ¡Lo siento... de verdad...!

(CARMEN *le devuelve una mirada desafiante.*)

CARMEN   Lo que sientes es que te haya pillado.

(MÓNICA *baja la mirada.*)

MÓNICA   Tienes todo el derecho de estar enfadada.

CARMEN   Sí.

MÓNICA   No imagino lo que puede haber pasado por tu cabeza para que decidieras vengarte liándote con este imbécil.

CARMEN   ¿Ahora, imbécil?

MÓNICA   Imbécil, sí.

CARMEN   Imbécil, vale.

MÓNICA   (*Compungida.*) No tengo excusa para lo que te he hecho.

CARMEN   No. No la tienes.

MÓNICA   ¡Lo de Pepe ha sido solo algo físico…! animal…

CARMEN   Pues eso es lo que iba a hacer yo. Follar como un animal.

MÓNICA   ¡Pero si te dan asco los hombres…!

CARMEN   Ya…

MÓNICA   En fin, ¡Lo siento! Siento haberte hecho daño… pero…

(CARMEN *suelta de golpe las manos de* MÓNICA, *sorprendida por el «pero» de su pareja.*)

CARMEN   Pero ¿qué?

          (MÓNICA *vuelve a tomar las manos de* CAR-
          MEN *con cariño.*)

MÓNICA   Tranquila... Mira, este imbécil, que lo es,
          nos ha tomado el pelo a las dos. *(Ahora*
          CARMEN *escucha a* MÓNICA *con atención.*)
          Pepe sabe que tú y yo somos una pareja
          estable.

CARMEN   (*Sarcástica.*) ¡Ja...!

MÓNICA   (*Con firmeza.*) Una pareja estable que se
          quiere con locura.

CARMEN   (*Irónica.*) ¡Ah! ¿Sí...?

MÓNICA   (*Obviando la ironía.*) Y... una noche de fies-
          ta... tú volabas a París...

CARMEN   A... ¿A París?

MÓNICA   Sí, a París. Lo recuerdo porque me trajiste
          ese Camembert de Normandía tan exclu-
          sivo que adoro. Me sentí fatal.

CARMEN   (*Pensativa.*) A París.

MÓNICA   Vuelas mucho a París.

CARMEN   Soy azafata de vuelo.

23

MÓNICA   Por eso… Tú volabas a París… y en la cena de aniversario de la empresa… entre copa y copa surgió la posibilidad…

CARMEN   (*Turbada.*) Joder…

MÓNICA   Sabes que yo he tenido varias parejas masculinas.

CARMEN   Lo sé.

MÓNICA   ¡Siempre me ha gustado el sexo con un hombre! Pero a la única que quiero de verdad es a ti.

CARMEN   (*Molesta.*) ¡Venga ya! (CARMEN *vuelve a soltar las manos de* MÓNICA.) ¡Me has mentido! Mientes constantemente ¿Cómo puedo creerte ahora?

MÓNICA   (*Pensativa.*) Está bien… Te lo voy a contar todo… Después de esa vez, hemos tenido encuentros esporádicos… en su apartamento…

CARMEN   ¡Dios…!

MÓNICA   (*Restándole importancia.*) ¡Solo ha sido sexo…!

CARMEN   (*Ofendida.*) Solo sexo… Muy bien…

MÓNICA   Pero... lo que me ha hecho pensar... es que... Vamos a ver... (MÓNICA *mira directamente a los ojos a* CARMEN.) Tú eres un hombre hetero. Vale. Te follas a una bisexual que tiene pareja lesbiana. Vale. De pronto, la pareja lesbiana de tu amante bisexual se te ofrece en bandeja... porque imagino que habrá sido así ¿verdad?

CARMEN   Sí.

MÓNICA   Vale... Tú ¿qué harías...? (CARMEN *mira a* MÓNICA *pensativa.*) ¿Qué deberías hacer, si fueras un hombre de verdad, y no un imbécil redomado?

CARMEN   Rechazarme.

MÓNICA   ¡Exacto! ¡Pero no! El gilipollas ve la oportunidad de tirarse a una pareja de lesbianas ¡y la aprovecha! ¿Te imaginas? (CARMEN *mueve la cabeza, asintiendo de forma automática.*) ¡Debe ser el sueño de cualquier hombre! De cualquier hombre imbécil, quiero decir.

CARMEN   ¡Es cierto! No veas cómo se le iluminaron los ojos cuando empecé a insinuarme en la cena de la compañía.

MÓNICA   ¿Lo ves?

CARMEN   Se volvió loco.

MÓNICA   Y, en ese momento, él no sabría que tú ya estabas al tanto de que… bueno…

CARMEN   De que te lo estabas follando.

MÓNICA   Bueno… eso. Creería que podría alternar a las dos lesbianas para su disfrute personal.

CARMEN   ¡Es un cabrón!

MÓNICA   Sí.

CARMEN   Y el muy imbécil…

MÓNICA   Eso.

CARMEN   …me dijo que nunca había sentido por una mujer lo que sentía por mí.

              (MÓNICA *se dirige a* CARMEN *con condescendencia.*)

MÓNICA   ¡Carmen, por favor!

CARMEN   (*Iracunda.*) ¡Que sí…! Era la rabia la que me tenía agilipollada. Lo único que quería era… ¡vengarme de ti…!

MÓNICA   Lo entiendo…

CARMEN   Quería… ¡tirármelo…! No sabía si sería capaz, pero iba a intentarlo con todas mis fuerzas…

MÓNICA   Ya…

CARMEN   ¡Para luego restregártelo en tu cara de traidora infiel…!

MÓNICA   Vale… sí…

CARMEN   ¡Me volví loca! ¡Cómo he podido…!

                (MÓNICA *vuelve a tomar a* CARMEN *de las manos, intentando calmarla.*)

MÓNICA   ¡Cariño! Lo primero, no podemos permitir que esta tontería perjudique nuestra relación.

CARMEN   ¿Tontería…? Llevamos dos años juntas, Mónica, y para mí han sido los mejores años de mi vida.

MÓNICA   Y para mí.

CARMEN   Creí que te estaba dando todo lo que necesitabas.

MÓNICA   Y lo haces, Carmen.

CARMEN   No. Ahora me doy cuenta de que no era así. Y no sé qué hacer.

MÓNICA   ¿Cómo te lo explico? ¡Te quiero! Soy feliz contigo.

CARMEN   (*Irónica.*) Ya se ve…

MÓNICA   (*Sintiéndose culpable.*) En mi vida he tenido muchas parejas, mujeres y hombres, pero creo de verdad que esta es la primera vez que estoy enamorada. (CARMEN *la mira con ojos de duda.*) Sin embargo, tienes razón, parece que echara en falta algo…

CARMEN   Pero… ¡tenemos juguetes…! El Señor Pollón…

MÓNICA   No es solo eso… Creo que hay algo que necesito resolver. Pero estoy dispuesta a trabajarlo, porque no quiero hacerte daño. Y mucho menos perderte.

CARMEN   (*Comprensiva.*) ¿Estás segura?

MÓNICA   Sí. Para mí también han sido los dos años más felices de mi vida. Me has dado una estabilidad que necesitaba con urgencia.

CARMEN   Lo sé.

MÓNICA   (*Pensativa.*) Cuando te conocí ya estaba cansada de ir de cama en cama. Estaba en una espiral que no iba a tener buen final. (CARMEN *hace un mohín de comprensión.*) Entonces, te vi en esa cena. Y fue un flechazo. No lo dudes, Carmen. Eres la mujer de mi vida.

CARMEN   Vale. Te creo.

MÓNICA   Tengo problemas que debo afrontar, pero este despojo humano con el que nos hemos topado no va a estropear lo que tenemos.

(CARMEN *mira a* MÓNICA *con tristeza.*)

CARMEN   Yo… he tenido pocas parejas, todas mujeres. Pero nunca sentí por ninguna de ellas lo que siento por ti. (MÓNICA *asiente.*) ¡Por eso me jode que necesites algo que yo nunca podré darte…!

(CARMEN *suelta las manos de* MÓNICA.)

MÓNICA   ¡No es eso! (*Silencio.*) Es que… ni yo misma me entiendo… Tengo una relación genial. Y he estado a punto de estropearla por… no sé… ¿miedo al compromiso?

CARMEN   Mónica, somos aún muy jóvenes. Podemos arreglar lo que sea, si queremos.

MÓNICA   Es cierto.

CARMEN   Si tienes algo que resolver ¡háblalo conmigo!

MÓNICA   Lo haré.

CARMEN   Si quieres… ¡vamos a terapia!

MÓNICA   Terapia… Hasta ahora no me ha servido de
          mucho, pero tampoco me la he tomado en
          serio.

CARMEN   Es verdad.

MÓNICA   Podría ser buena idea que fuéramos jun-
          tas. ¿Lo pensamos?

CARMEN   Cuenta conmigo… por favor.

MÓNICA   Gracias.

          (*Las chicas se dan un abrazo cariñoso. Se
          dan un corto beso en la boca, igualmente ca-
          riñoso. Se mantienen abrazadas durante unos
          segundos.*)

CARMEN   Y… ¿qué hacemos con el descerebrado?

          (*Deshacen el abrazo.*)

MÓNICA   En eso estaba pensando… ¿No crees que el
          imbécil se merecería un buen escarmiento?

          (CARMEN *abre sus hermosos ojos.*)

CARMEN   ¿Qué piensas?

MÓNICA   Supongo que te habrás fijado en el pedazo
          de erección que tenía cuando nos fuimos.

CARMEN   (*Con un gesto de susto.*) Síííííí…

MÓNICA	Creo que toma algo.
CARMEN	*(Con sorpresa.)* ¿Sí?

MÓNICA   Sí. Y las ganas de follarnos no se le van a quitar tan fácilmente… entonces, se me ocurre… a ver qué te parece… podríamos hacer lo siguiente…

(MÓNICA empieza a explicar su plan a CARMEN en voz baja, a la vez que la luz baja de intensidad. Se escucha de fondo «Who can it be now?» de Men At Work. MÓNICA y CARMEN devuelven una silla a su mesita original y la otra la colocan al lado del sofá. Hacen mutis. La luz vuelve enfocando a PEPE en el diván del PSICOANALISTA, que está sentado en la silla detrás del cabecero del diván, de tal manera que el paciente tumbado no ve al terapeuta. El PSICOANALISTA, sexagenario, con el pelo blanco y gafas de pasta, vestido con una bata blanca, escribe en un cuaderno de notas.)

PEPE   … ¡y no lo entiendo, doctor! Se me levanta… pero, de pronto, la cosa se desinfla sin remedio ¿Qué me pasa?

PSICOANALISTA ¿Qué cree usted que le pasa?

PEPE   Pues… quizás, llevo demasiado tiempo en relaciones con mujeres que no significan nada para mí, pero que no puedo evitar.

PSICOANALISTA ¿Por qué cree usted que no puede evitar esas relaciones?

PEPE No lo sé... Es ver una oportunidad con una mujer, e ir a por ella. Me da igual la edad, la raza... Como si estuviera en tiempo de guerra... cualquier hueco es trinchera.

PSICOANALISTA ¿Cree usted que está en tiempo de guerra?

PEPE ¡No! Pero tengo mucho estrés de trabajo. Presiones de arriba... ¿Cree que eso me puede estar afectando?

PSICOANALISTA ¿Usted cree que su situación laboral puede estar afectando su desempeño sexual?

PEPE (*Nervioso.*) Pero, vamos a ver... Necesito que usted me diga qué hacer para solucionar este problema que tengo.

PSICOANALISTA ¿Necesita que alguien le diga cómo resolver sus problemas?

PEPE (*Alterado.*) No. Alguien, no. Necesito que usted me diga qué hacer. Para eso vengo ¿No?

PSICOANALISTA ¿Para eso viene a la consulta?

PEPE (*Exasperado.*) ¡Sí! ¡Para eso vengo! ¿Acaso no va a ayudarme? (*De pronto,* PEPE *se da cuenta de que en uno de los rincones de la* consulta algo se mueve. *Se incorpora en el diván.*) ¿Pero, qué...? Doctor, ¿qué es eso de allí?

PSICOANALISTA   ¿A qué se refiere?

PEPE   ¡Mire! ¡Ahí está! ¡Se mueve!

(*El* PSICOANALISTA *mira en la dirección que le indica* PEPE.)

PSICOANALISTA   ¡Leonardo! ¿Otra vez?

PEPE   ¿Leo... nardo?

(*El terapeuta cierra su cuaderno de notas, lo deja en el suelo, se arrodilla en el rincón y recupera una tortuga de tamaño mediano.*)

PSICOANALISTA   Ehhh... ¿Las Tortugas Ninja?

(PEPE *duda unos segundos.*)

PEPE   ¡Ah, coño! ¿Qué hace esa puta tortuga en su consulta? Me dan grima.

PSICOANALISTA   No sé cómo consigue colarse, porque la puerta suele estar cerrada a menos que entre o salga un paciente.

(*El* PSICOANALISTA *se sienta en su silla con Leonardo en las manos.*)

PEPE   Será porque es ninja mutante. Entonces,
                ¿va a ayudarme o qué?

                (*El* PSICOANALISTA *sonríe, acariciando el
                duro caparazón de Leonardo como si fuera
                el gato del Dr. No.*)

PSICOANALISTA   Es lo que estoy haciendo. Pero se ha ter-
                minado el tiempo. Mi secretaria lo atende-
                rá ahora.

                (PEPE *se sienta en el diván.*)

PEPE   Pero... ¡Será posible! ¿Ha pasado ya una
                hora? Quería contarle algo que me ocurrió
                esta mañana...

PSICOANALISTA   Tendrá que ser la próxima semana.

PEPE   Pero...

PSICOANALISTA   Que tenga un buen día.

PEPE   (*Desconcertado.*) Pero...

                (PEPE *se levanta del diván y, caminando como
                un zombi, hace mutis. El* PSICOANALISTA, *sen-
                tado, con Leonardo durmiendo en uno de sus
                brazos, saca una grabadora de sonido del bol-
                sillo de la bata y la enciende.*)

PSICOANALISTA   Paciente de cuarenta años con disfunción
                eréctil de origen psicogénico. Consigue

tener erecciones y... (*Riendo.*) se tira todo lo que se mueve. Pero, últimamente, cuando se dispone a consumar el acto, pierde la erección, lo que lo ha llevado a consumir «Sildenafilo». Con la pastilla azul consigue el coito sin problemas. Manifiesta que sufre estrés laboral intenso. Pero, aunque su obsesión sexual refleja un problema evidente de baja autoestima, en el origen de la disfunción hay algo que tiene que ver con su relación con las mujeres en general. Sin embargo, se resiste a hurgar en ese aspecto de su vida y espera que le demos una solución mágica a su problema. Citamos para la próxima semana.

(*El* PSICOANALISTA *apaga la grabadora y la guarda en el bolsillo de la bata. La luz baja de intensidad. El* PSICOANALISTA *coloca la silla en su sitio original en la mesita del salón y hace mutis.* PEPE, *en pijama, trae una taza de café que deja sobre la mesa. La luz sube de intensidad, con* PEPE *sentado en el sofá del salón. Coge el móvil, que tiene al lado, y marca un número de su agenda.*)

PEPE   ¿Rubén? Sí, soy yo... Nada... que necesito hablar con alguien... Una tragedia... (*Pausa.*) ¡Que no, animal! No ha muerto nadie... Pero es una tragedia igual. Que... ¿puedes venir a casa? (*Pausa.*) Hoy, sí... ¡Qué es una tragedia, coño! ¿Cuándo piensas venir, pasado mañana? (*Pausa.*) Que

sí... estoy bien... ¡No! No estoy bien...
¿Puedes venir y hablamos...? (*Pausa.*) Que
me apetece hablar. No me apetece salir.
(*Pausa.*) Ayer fui al loquero, pero no me
ayuda una mierda. No hace más que repetir lo último que digo. No sé cómo cojones
pretende resolver mis problemas así. (*Pausa.*) Me lo recomendó una amiga... también lo ve. (*Pausa.*) ¿Ella? Como una puta
cabra. (*Pausa.*) Sí. Por favor. En cuanto pue-
das. (*PEPE cuelga el teléfono. La luz baja de
intensidad. PEPE se levanta del sofá, da un
sorbo a la taza de café. La luz aumenta de
intensidad con PEPE sentado en el sofá, en pijama, con un ordenador portátil sobre las
piernas. Se escuchan sonidos de gemidos, mas-
culinos y femeninos, de contenido sexual...
La mano diestra de PEPE, metida en sus cal-
zoncillos, se mueve rítmicamente. Suena el
telefonillo. PEPE pone en pausa la película y
deja el portátil abierto sobre el sofá. Se levanta y contesta. Deprimido.*) Sí... Rubén...
Te abro.

(*PEPE acciona la apertura del portal, cuelga
el telefonillo y deja la puerta del apartamento abierta. Vuelve a sentarse en el centro del
sofá con desgana. Cierra el ordenador. Se cierra la puerta. Con prisas, sale a escena RU-
BÉN, coetáneo con PEPE, vestido informal, con
camisa, vaqueros y una chaqueta que se quita rápidamente y deja colgada en una de las
sillas.*)

RUBÉN   Me he escapado del trabajo.

           (RUBÉN *se acerca al sofá y extiende la mano derecha a modo de saludo. Después de un instante de duda,* PEPE *cierra la mano y chocan los puños.*)

PEPE   Gracias.

RUBÉN   ¿Qué ha pasado?

PEPE   (*Compungido.*) La he cagado, Rubén.

           (RUBÉN, *percatándose de que se trata de otra de las trastadas de su amigo, hace gestos de hartazgo. Se sienta displicente en el sofá, al lado de* PEPE.)

RUBÉN   (*Condescendiente.*) ¿Qué has hecho esta vez?

PEPE   Te lo he dicho. Una cagada como un piano.

           (PEPE *empieza a trastear en su móvil. Se escucha en segundo plano y con volumen bajo la voz de una astróloga sudamericana diciendo el horóscopo.*)

RUBÉN   ¡Deja ya esas tonterías, que te estás comiendo la cabeza con supersticiones y bobadas!

PEPE   (*Ofendido.*) ¿Bobadas?

RUBÉN   Bobadas. Sí.

PEPE   ¿Quieres escuchar mi horóscopo de ayer, a ver si dice bobadas?

RUBÉN   (*Impaciente.*) ¡Venga, Pepe!

PEPE   Mira… Esta es una astróloga peruana a la que consulto a diario.

RUBÉN   Encima, panchita.

PEPE   ¡No veas cómo acierta con lo que me pasa cada día!

RUBÉN   ¡Bah…!

PEPE   Hasta parece que me hablara a mí… como si me conociera. (RUBÉN, *con un gesto de desdén, se asoma para ver la pantalla del móvil.*) Escucha lo que decía ayer.

        (PEPE *reproduce en su móvil el vídeo.*)

VOZ   (*En off.*) Géminis. En la salud, todo bien, en general. Gozas de buena salud, aunque veo algún problemilla que quizás te cueste levantar.

        (PEPE *pone pausa.*)

PEPE   Esto… no sé a qué se refiere… a veces no entiendo lo que dice.

RUBÉN   Es por su dialecto.

PEPE   ¡Rubén, por favor!

RUBÉN   ¡Que es verdad! (*Imitando mal un acento mexicano.*) Hablan raro, wey.

PEPE   Por dios…

              (*Da a reproducir.*)

VOZ   (*En off.*) En el trabajo, géminis, estás descuidando tus obligaciones. Ponte serio o tus superiores te van a pedir cuentas.

              (PEPE *pone pausa.*)

PEPE   ¿Ves? ¡Lo ha clavado!

RUBÉN   Ahí le has «dao».

PEPE   Ahora, lo más fuerte de todo. Escucha lo que dice del amor.

              (*Da a reproducir.*)

VOZ   (*En off.*) En el amor. Hoy, géminis, debes tener mucho cuidado. Una sorpresa te espera tras la puerta. Debes ser valiente y afrontar tus responsabilidades como pareja. Pero ¡cuidado! Veo turbulencias en tu relación, que solo podrán calmarse con una buena dosis de diálogo y comprensión por ambas partes.

              (RUBÉN *hace un gesto de desdén.*)

PEPE   ¿Qué? ¿Cómo te quedas?

RUBÉN   ¡Pero si son todo generalidades que le pueden valer a cualquiera, Pepe, no seas ingenuo!

PEPE   Generalidades... porque no sabes el trauma que sufrí ayer... ¡Fue terrorífico!

(RUBÉN *hace alarde de paciencia.*)

RUBÉN   Venga... cuenta... ¿Qué fue eso tan horroroso que te pasó?

PEPE   ¿Recuerdas a Mónica?

RUBÉN   ¿La bollera que te estabas tirando? ¡Claro que la recuerdo! ¡Qué *crack*!

PEPE   Ya... sí... Resulta que su pareja, Carmen, se me insinuó en la cena de Navidad de su empresa...

RUBÉN   ¡Noooo...! No me digas que... (*Pausa.*) ¡Eres el puto amo!

PEPE   No... espera. Traje a Carmen al apartamento, con la intención de... ya sabes...

RUBÉN   De follártela.

PEPE	Sí. Y cuando estaba a punto de caramelo, suena el telefonillo. Era Mónica, que llegaba por sorpresa.
RUBÉN	¿De verdad? ¿Os pilló en bragas?
PEPE	A Carmen, literalmente. Pero fue de película, porque primero se escondió en el armario...
RUBÉN	¿La bollera se metió en el armario?
PEPE	Irónico, ¿no?
RUBÉN	¡Ya te digo! ¿Y qué pasó cuando la otra subió al piso?
PEPE	Pues, Mónica venía con ganas de jaleo... ya sabes... hacía días que no nos veíamos.
RUBÉN	Con ganas de afilar el sable...
PEPE	Sí... y a mí no es que me disgustara la idea.
RUBÉN	Está buena la Mónica...
PEPE	Y ya llevaba el arma en ristre, por Carmen. Pero, ahora, con la mujer en el armario, como que no me parecía prudente...
RUBÉN	¡Qué pasada! Y ¿cómo se resolvió el enredo?

PEPE   Pues… a Carmen le dio un tirón en la pierna.

RUBÉN   ¡No! (*Pensativo.*) ¿En cuál?

PEPE   ¿En cuál qué?

RUBÉN   ¿En qué pierna le dio el tirón? ¿La derecha o la izquierda?

PEPE   ¡Y yo qué sé! ¡Estaba en el armario! Y ¿qué importancia tiene?

RUBÉN   Ninguna… Cosas mías.

PEPE   (*Confuso.*) Pero ¿qué dices?

RUBÉN   Nada, nada. Sigue contando.

(PEPE *mira a* RUBÉN *desconcertado.* RUBÉN *le presta atención, pero tiene la mirada perdida, como si estuviera en otro lugar.*)

PEPE   Pues eso… a Carmen le dio un calambre espantoso. Y el alarido fue espeluznante. Se debe haber escuchado en la Gran Vía.

RUBÉN   (*Vuelve de su ensimismamiento.*) ¡Me cago en sus muelas! ¡Qué situación!

PEPE   Sí… Sin duda, he perdido toda oportunidad de tener algo con ellas.

RUBÉN	Cabrón. Eso es lo que más te duele, que ya no vas a poder follártelas.
PEPE	La verdad, Mónica folla de lujo. Y me quedé con las ganas de catar a Carmen.
RUBÉN	¡Bueno! Hay más peces en el mar...
PEPE	Ya... pero estoy un poco cansado... Estoy descuidando mi trabajo...
RUBÉN	Eso es cierto.
PEPE	Me están pidiendo resultados y, la verdad, no tengo ganas ni de salir.
RUBÉN	¡No me jodas! A ver si vas a estar cayendo en una depresión.
PEPE	No es eso... O sí... ¡Yo que sé! Venga... vamos a oír mi horóscopo de hoy.
RUBÉN	(*Con paciencia.*) Venga... ponlo...

(PEPE *busca en la web el horóscopo del día. Da a la reproducción del vídeo.*)

VOZ	(*En off.*) Géminis. En la salud, ese problemilla que tienes realmente te está agobiando. Consulta con un especialista. Sin duda un profesional de la salud es la mejor recomendación en tu caso.

(PEPE *pone pausa.*)

PEPE   No sé de qué habla la puta bruja.

RUBÉN   ¿No decías que era muy acertada? ¿Has pensado en hacerte un chequeo médico?

PEPE   ¡Que no, hombre! ¿No decías tú que eran bobadas? Quita… quita… Vamos a seguir…

(RUBÉN *asiente complacido.* PEPE *da a reproducir.*)

VOZ   (*En off.*) En el trabajo, tu falta de compromiso está afectando seriamente tu desempeño profesional. Cuidado, géminis, no pongas en riesgo tu futuro laboral.

(PEPE *pone pausa.*)

PEPE   ¿Ves? Esto me pega más… pero lo tengo controlado.

RUBÉN   ¿Controlado? ¡No te echan del trabajo por lo que sabemos, macho! ¡Que tienes una flor en el culo!

PEPE   Calla. A ver qué dice del amor.

(*Da a reproducir.*)

VOZ   (*En off.*) En el amor, géminis, hoy también va a ser un día complicado… No estás llevando bien tus relaciones... Veo falta de compromiso... falta de empatía... Estate atento a las posibilidades que te brinda la vida, pero afróntalas con respeto y consideración, o puede que te veas expuesto a un cataclismo.

PEPE   ¡Buah! ¡Pero si ya he perdido soga y cabra!

(PEPE *bloquea el móvil y lo deja a su lado, en el sofá.*)

RUBÉN   Amigo, yo creo que lo que necesitas es salir de esta habitación.

PEPE   Sí.

RUBÉN   ¿Por qué no quedamos esta noche para tomar algo en el bar de abajo, y así me cuentas más detalles de tu aventura?

PEPE   Vale, necesito hacer algo para distraerme. De verdad, la experiencia de ayer fue aterradora.

RUBÉN   ¿A las diez?

PEPE   Sí. A las diez está bien.

RUBÉN   ¡Genial! Oye, a todo esto... Irás a votar el domingo ¿No?

PEPE   Votar.

Rubén	¡Coño! ¡Las elecciones generales!
Pepe	¡Puf! Paso de ir a votar.
Rubén	¿Cómo que pasas? ¡Es tu deber cívico!
Pepe	¡Que paso de mi deber cívico!
Rubén	¡Qué dices!
Pepe	¿No ves que da igual quien gane, que todo es lo mismo?
Rubén	*(Serio.)* No es lo mismo.
Pepe	¡Que sí, hombre! Que, al final, se hace lo que mande Bruselas y ya está.
Rubén	Pero no es lo mismo.
Pepe	Ah, ¿no? Y tú, ¿a quién vas a votar?
Rubén	Pues… estoy en duda.
Pepe	¿Sí? ¿Entre quiénes?
Rubén	Tengo que decidir entre votar a la derecha o… votar a la izquierda. *(Pensativo.)* De ahí lo de…
Pepe	¿Lo qué?

RUBÉN   Nada, nada… Cosas mías.

                  (RUBÉN *hace un gesto de restarle importan-*
                  cia a lo que está diciendo. PEPE *no sale de su*
                  asombro escuchando a RUBÉN.)

PEPE   Rubén, no dejas de sorprenderme.

RUBÉN   ¡Sí! Es que… te explico. Estoy un poco har-
                  to de los cuentos de la izquierda. No me
                  los trago.

PEPE   ¿Y…?

RUBÉN   Que los cuentos de la derecha me los sigo
                  tragando.

PEPE   (*Irónico.*) Eres un filósofo. (*Suena el móvil*
                  de PEPE. *Ve en la pantalla que es la secreta-*
                  ria del PSICOANALISTA.) Es la secretaria del
                  loquero. Tengo que cogerlo.

RUBÉN   ¡Cógelo, coño!

                  (PEPE *se levanta del sofá y contesta al móvil.*)

PEPE   Dígame. Sí, soy yo. (*Pausa.*) Sí, confirmo…
                  el próximo miércoles a las seis de la tar-
                  de… (*Pausa.*) Si surgiera cualquier cosa,
                  os aviso. (*Pausa.*) ¿Cómo dice…? (*Pausa.*
                  PEPE *se aleja del sofá, hasta primer término,*
                  carraspea y baja la voz.) Erecciones…

(Rubén, *sentado en el sofá, está atento a la conversación y escucha a* Pepe.)

RUBÉN   ¿Has dicho erecciones?

(Pepe *tapa el micrófono del móvil.*)

PEPE   *(Hablando entre dientes.)* ¡Elecciones, animal! ¡He dicho elecciones...! (Rubén *se encoge de hombros y sigue atento a la conversación de* Pepe. *Al móvil.*) Perdón... Me decía... *(Pausa.)* Eso es... Vale. Así lo haré. *(Pausa.)* Gracias. Hasta el miércoles.

(Pepe *cuelga y se sienta otra vez en el sofá, al lado de* Rubén.)

RUBÉN   ¿Y por qué te habla la secretaria del loquero de las elecciones?

PEPE   *(Molesto.)* ¡Porque es un coñazo, como tú! Le dije que no iba a votar y me estaba dando la brasa con lo del deber cívico... que eran elecciones extraordinarias...

RUBÉN   ¿Ves? Lo que te decía...

PEPE   Sí... ya... Encima me quería convencer de que votara a la izquierda, cuando yo soy de derechas de toda la vida.

RUBÉN   *(Pensativo.)* Ya... como yo...

(PEPE *mira a* RUBÉN *con desconcierto.*)

PEPE   Rubén, a veces me resultas inaccesible.

RUBÉN   ¡Gracias, amigo! ¿A las diez entonces?

PEPE   A las diez, capullo.

(RUBÉN *se levanta del sofá, coge del hombro a* PEPE, *dándole ánimo, y sale del apartamento. Desde un extremo del foro,* BETTY *envía a* PEPE *un mensaje de WhatsApp. El móvil, sobre el sofá, al lado de* PEPE, *timbra.* PEPE *coge el móvil, mira en la pantalla que hay un mensaje. Desbloquea el móvil para contestar. Leen los mensajes en voz alta mientras escriben.*)

BETTY   *Bonjour.*

PEPE   *(Imitando el acento francés.) Ma chérie*
              ¿Cómo «sa va» todo por París?

BETTY   Iría mejor si cumplieras con tus obligaciones.

PEPE   Las cosas de palacio van despacio.

BETTY   ¿Qué palacio? ¿Has hecho algún contacto con la Casa Real?

PEPE   Quiero decir que debes tener paciencia.

BETTY	Lo tuyo son solo gastos sin algo que rentabilizar.
PEPE	Es cuestión de tiempo que se vean los resultados.
BETTY	Y espero que te hayas abastecido de las pastillas azules. Pronto iré a visitarte.
PEPE	Sí, cariño. Solo avísame el día antes para esperarte preparado.
BETTY	*Bye.* (PEPE *deja el móvil sobre el sofá y vuelve al ordenador. La luz baja de intensidad en el salón del apartamento de* PEPE, *que vuelve a tocarse mirando la peli porno, mientras que aumenta de intensidad hacia el centro en primer término, hacia donde se dirige* BETTY. *Enfadada.*) Pedazo de inútil... Ya me imagino en qué estás ocupando tu tiempo... (*Mientras* BETTY *reflexiona, marca un número. Contestan. Alegre.*) *Chérie!* ¡Qué alegría escucharte! ¿Cómo estás? En París... echándote de menos... ¿Cuándo vienes a verme...? Sí, también... Lo mismo te doy una sorpresa. No, planes concretos, no. Pero, sí muchas ganas de verte. (*Pausa.*) Ahora mi marido está en viaje de negocios. Sería un buen momento para que vinieras y... (*Pausa.*) Lo entiendo... (*Pausa.*) Es que... (*Romántica.*) nos imagino otra vez navegando por el Sena... cenando en Montparnasse... Y luego pasando la noche en un hostal

mugriento... ji, ji... ¡Que es broma! (*Pausa.*) Sí... el último en el que estuvimos estuvo muy bien... podríamos repetir... ¡O buscamos otro! *Vive la bohème!* (*Pausa.*) *Oui*... Es probable que en breve tenga que viajar a Madrid, por negocios, pero, si vinieras a París, te prometo que pasaríamos unos días inolvidables... (*Pausa.*) Lo sé... no depende de ti. Muy bien. Quedamos así, *chérie*. Un beso.

(BETTY, *romántica, hace mutis y la luz aumenta de intensidad en el salón de* PEPE, *que continúa mirando la película y masturbándose. De pronto, suena el desagradable sonido del telefonillo.* PEPE *se muestra sorprendido. Pone la película en pausa. Enfadado, cierra el ordenador y lo coloca entre los cojines y el brazo del mueble. Se levanta del sofá y atiende la llamada.*)

PEPE   ¿Qué olvidaste, Rubén? (*Silencio.* PEPE *se gira y mira la chaqueta de* RUBÉN *en una de las sillas.*) Sube.

(PEPE *deja la puerta abierta y camina pensativo por el salón.* RUBÉN *sale a escena y, sin cerrar la puerta, se dirige a recoger su chaqueta. La coge.*)

RUBÉN   Ya está. Luego nos...

(*Suena el telefonillo.*)

PEPE

(*Enfadado.*) ¡Odio ese telefonillo! (*Descuelga.*) ¡Quién es! (*Baja la voz.*) ¿Mónica...? E... espera... Te abro. (PEPE, *nervioso, abre el portal, cuelga el telefonillo y se aleja unos metros, hacia el otro extremo del foro.* RUBÉN *se sitúa detrás de él.* MÓNICA *cierra la puerta y sale a escena, caminando como una pistolera del lejano Oeste, lista para disparar. Viste vaquero y sudadera. La mirada fija en* PEPE. *Titubeando.*) Ho... Hola... Mónica. ¿Que... qué te trae por aquí? ¡Qué mal ha sonado eso! Perdón...

(RUBÉN, *al lado de* PEPE, *hace el gesto de despedirse de él.*)

RUBÉN

¡Bueno...! Yo ya me iba... ¿Qué tal, Mónica? Me alegro de verte.

MÓNICA

(*Seria. Sin dejar de mirar a* PEPE.) Eres... Ro...

RUBÉN

¡Rubén!

PEPE

(*A* RUBÉN.) Pero ¿qué te corre... tanta prisa?

RUBÉN

¡No, nada...! Es por si tenéis algo importante que hablar.

PEPE

(*Murmurando entre dientes.*) ...Quédate cabrón...

MÓNICA	(*Seca.*) Me dejé el abrigo. Y el resto de mis cosas.
RUBÉN	(*Nervioso.*) ¡Como yo...! (*Muestra la chaqueta.*) La chaqueta... quiero decir... Bueno... entonces, (*Mirando a* PEPE.) me voy.
PEPE	(*Entre dientes.*) Cobarde...
MÓNICA	(*Sin quitar la mirada a* PEPE.) Adiós, Roberto.
RUBÉN	Rubén... Adiós, Mónica... Te veo muy bien.

(MÓNICA *responde con el silencio.* RUBÉN *hace mutis. Se cierra la puerta del apartamento.*)

MÓNICA	(*Con indiferencia.*) ¿Mi... abrigo?
PEPE	(*Dubitativo.*) ¡Ah, sí! Claro...

(PEPE, *camina hacia atrás, se dirige torpemente hacia el armario para coger el abrigo de* MÓNICA.)

MÓNICA	Claro. (*Silencio.*) Es lo que vamos a hacer. Hablar claro. Deja el abrigo, de momento. (MÓNICA *va hacia el centro del salón, donde se mantiene de pie, delante del sofá.* PEPE *no alcanza a descolgar el abrigo. Lo deja, cierra la puerta del armario y se acerca al centro del*

salón, a cierta distancia de Mónica, *que lo mira con gesto de seriedad.*) Lo que nos has hecho es una putada. Tú y yo teníamos una relación, fundamentalmente física y creo que mutuamente satisfactoria. (Pepe *asiente.*) Por otro lado, sabías que mi relación con mi mujer era algo importante para mí. (Pepe *la mira con cara de desconcierto.*) Sé lo raro que suena. Pero es así. Quiero a Carmen, y a pesar de ello acepté tener sexo contigo.

PEPE   Pero…

MÓNICA   No me interrumpas.

PEPE   Vale… vale.

MÓNICA   Entonces, ocurre que se te presenta la oportunidad de follarte a mi mujer, lesbiana, ¿y no eres capaz de mantener la polla en los pantalones?

PEPE   ¡Lo siento, Mónica! Estuvo mal.

MÓNICA   (*Cortante.*) Déjame terminar. (Pepe *hace gestos de disculpa.*) No tengo intención de fastidiar mi relación con Carmen.

PEPE   ¡No pasó nada, te lo prometo! (*Hace gestos de disculpa por haber vuelto a cortarla.*) Perdón…

MÓNICA	(*Alzando la voz.*) ¡Porque os interrumpí! Da igual. (*Silencio.* MÓNICA *suaviza el tono de voz.*) El caso es que... ¡No me resigno a perderte! (PEPE *la mira boquiabierto.*) Tampoco quiero perder a Carmen. Es posible si jugamos bien nuestras cartas. Se me da bien mentir... podríamos retomarlo donde lo dejamos. Sin rencores.
	(PEPE, *sin recuperarse del todo de la sorpresa, reacciona al instante.*)
PEPE	¡Sí, por supuesto!
	(PEPE *se acerca rápidamente a la estantería, coge una caja de pastillas escondida entre los libros y se toma una pastilla azul con los restos de café que quedan en la taza sobre la mesa.*)
MÓNICA	¿Qué tomas?
PEPE	Un complejo multivitamínico.
MÓNICA	(*Simulando sorpresa.*) ¡Ah! (PEPE *vuelve al centro del salón. Se mantienen de pie delante del sofá.* MÓNICA *lo toma de las manos, con cariño.*) Se trata de que quedemos cuando Carmen vuele y haga noche fuera... o en algún viaje largo...
PEPE	¡Ajá!

MÓNICA   Lo que sea con tal de que no sepa que continuamos viéndonos.

PEPE   Vale.

MÓNICA   Le he prometido que no te volvería a buscar. (*Sonríe pícara.*) Pero eso no implica que no me busques tú a mí...

PEPE   Entiendo... (*Silencio. Se miran a los ojos. PEPE suelta las manos de MÓNICA con delicadeza.*) Oye, dame unos minutos, para darme una ducha, y seguimos hablando.

MÓNICA   Vale. Te espero. (*PEPE recoge la taza de café y hace mutis. MÓNICA mira el móvil de PEPE sobre el sofá. Espera unos segundos. Se sienta en el centro del sofá. Coge el móvil de PEPE y lo desbloquea.*) 1-9-8-3. Estamos dentro... (*MÓNICA va directamente al WhatsApp de PEPE.*) A ver qué encontramos en el WhatsApp... ¡Betty...! ¡Ajá! (*MÓNICA lee los últimos mensajes de PEPE.*) Betty, Betty, Betty... «Iría mejor si cumplieras...». Claro, puto vago de los cojones... «Lo tuyo son solo gastos...». Vago y caradura. «...las pastillas azules. Pronto iré a visitarte.» ¡Lo sabía! ¡Y también se lo está tirando! A ver los contactos... Aquí está... Betty... ¿Lumière? ¡Claro! (*Se le ilumina la cara.*) ¡De las Empresas Lumière! ¡Es su jefa! ¡Puto sociópata! (*MÓNICA coge su móvil y busca a*

BETTY *en internet.*) Aquí está… «Betty Lumière, destacada empresaria francesa…».
Aquí hay otro… «Empresaria de éxito…».
¡Mira…! Una revista del corazón… «…la
rubia empresaria casada con…». No me
lo puedo creer… ¡No - me - lo - pue - do
- cre - er…!

(PEPE *asoma la cabeza con el torso desnudo,
un gorro de baño y un cepillo de dientes en
la boca.*)

PEPE   ¿El qué, cariño?

MÓNICA   (*Esconde el teléfono y disimula su enfado.*)
No… nada. Es que… una amiga me avisa
que me han tocado ciento veinte euros en
la lotería de Navidad.

PEPE   ¡Oh! Enhorabuena.

(MÓNICA *mira la hora en el móvil.*)

MÓNICA   ¿Vienes ya?

PEPE   Un segundo. No tardo.

(PEPE *hace mutis.* MÓNICA *vuelve al móvil
de* PEPE.)

MÓNICA   Te vas a enterar, desgraciado… WhatsApp…
(MÓNICA *empieza a escribir a* BETTY, *desde el
móvil de* PEPE. BETTY *sale a escena en un ex-*

57

tremo del foro. Leen los mensajes en voz alta.)
Chérie, ¿y por qué no vienes a cenar mañana viernes?

BETTY

Pensaba descansar el fin de semana ¿por qué no?

MÓNICA

Te espero en casa a las ocho en punto con el vino abierto.

BETTY

D'accord.

MÓNICA

Sé puntual. No llegues antes que te quiero sorprender con el menú.

BETTY

Mi puntualidad es británica. Lo único británico que heredé de mi abuela. Ji, ji, ji.

MÓNICA

Pongo el móvil en silencio para concentrarme en el trabajo. *Bye.*

(*Cortan el WhatsApp.* BETTY *pasa a primer término, busca otro número en la agenda de su móvil. Marca. Contestan.*)

BETTY

Lu, cariño, búscame un vuelo a Madrid para mañana. (*Pausa.*) Sí, corazón, para mañana. Sin equipaje. (*Pausa.*) Para llegar sobre el mediodía. (*Pausa.*) Eso es, así puedo comer en el centro y luego me doy una vuelta por la ciudad. (*Pausa.*) Tengo una cita a las veinte horas. (*Pausa.*) Sí... con el tonto de Pepe. (*Pausa.*) ¡Calla! (*Ríe con risa aguda.*)

Que tenemos cosas de trabajo pendientes...
(*Sonríe.*) Sí... también... (*Pausa.*) ¡Que me busques el billete, cotilla! (*Vuelve a reír.*) Sí, gracias, querida.

(BETTY *cuelga el teléfono y hace mutis.* MÓNICA *mira la hora. Borra los últimos mensajes de WhatsApp del móvil de* PEPE.)

MÓNICA (*Con gesto de cabreo.*) Ji, ji... tu padre... Mensaje eliminado... eliminado... y... eliminado. ¡Hecho!

(PEPE *sale a escena vestido con un chándal de marca.*)

PEPE (*Distraído.*) ¿Qué has hecho?

(MÓNICA, *rápida y disimuladamente, deja el móvil de* PEPE *sobre el sofá y coge el suyo.*)

MÓNICA ¡Nada! Mi amiga... la que tiene mi billete de la lotería... me ha hecho un Bizum por los ciento veinte euros.

PEPE (*Con la cabeza en otra cosa.*) ¡Ah! Muy bien.

(PEPE *se coloca de pie delante del sofá.* MÓNICA *se levanta, guarda el móvil en el bolsillo posterior del vaquero y lo abraza.*)

MÓNICA (*Contra el pecho de* PEPE, *dando la cara al público.*) ¡Te he echado de menos!

(*Hace un gesto de asco.*)

PEPE   ¡Y yo a ti! (*Suena una alarma en el móvil de* MÓNICA.) ¿Y eso?

(MÓNICA *deshace el abrazo, apaga la alarma y vuelve a guardar el móvil en el bolsillo.*)

MÓNICA   Las seis y media. Un recordatorio de que debo tomar el magnesio, (*Irónica.*) que yo sí tomo...

PEPE   ¡Ah, vale! (MÓNICA *mira a los ojos a* PEPE *y, en silencio, sin dejar de mirarlo, empieza a bajarle lentamente el pantalón del chándal.* PEPE *lleva unos bóxer tan grandes como la erección que ya se manifiesta. Manteniéndole la mirada, como en cámara lenta,* MÓNICA *se pone de rodillas delante de* PEPE, *cuando suena el telefonillo. Consternado.*) ¡Pero...! ¡Voy a desconectar ese puto telefonillo...! Perdona...

MÓNICA   (*Como desconcertada.*) Sí... sin problema...

(PEPE *se dirige hacia el telefonillo, con los pantalones en los tobillos, caminando cómicamente como un pingüino.* MÓNICA *sonríe maliciosamente mientras se pone en pie.*)

PEPE   (*Enfadado, contesta al telefonillo.*) ¡Sí! (*Silencio. Cambia el tono de voz.*) Sí. (*Blanco como el papel,* PEPE *acciona la apertura del*

portal, cuelga el telefonillo y mira a MÓNI-
CA *con los ojos como platos, mientras se sube
los pantalones.)* ¡Ca... ca...!

MÓNICA   (*Simulando ternura.*) ¿Se hace caca el nene?

PEPE   (*Turbado.*) ¡No! ¡Ca... Carmen!

MÓNICA   (*Simula sorpresa ridículamente.*) ¡Oh, no!
                Tendré que volver al armario...

PEPE   (*Obnubilado.*) ¡Sí..., venga!

(MÓNICA, *histriónica, abre la puerta derecha y se mete en el armario. Antes de cerrar , mira algo dentro de la otra mitad del
mueble.*)

MÓNICA   ¡Hala! ¡La madre que te parió! (*Sonríe a*
                PEPE.) ¿Por qué no hemos probado esto?

(PEPE, *absorto, cierra la puerta, al tiempo
que suena el timbre de casa.* PEPE *intenta recomponerse. Se acomoda la ropa y abre la
puerta. Rápidamente, se aleja y se sitúa en
el centro del salón, delante del sofá.* MÓNICA
*abre ligeramente la puerta del armario. Se
cierra la puerta del apartamento.* CARMEN
*sale a escena, de vaqueros y jersey. Corre a
abrazar a* PEPE.)

CARMEN   ¡Amor! ¡Cuánto te he echado de menos!

PEPE	(*Turbado.*) Y yo… y yo.

(CARMEN, *abrazada contra el pecho de* PEPE, *como* MÓNICA *hace unos minutos, hace un gesto de no sentir lo que está diciendo.* CARMEN *suelta el abrazo y mira a* PEPE *con cariño.*)

CARMEN	Ven, vamos a sentarnos. (CARMEN *lleva a* PEPE *de la mano hacia el sofá y los dos se sientan, de espaldas al armario.* MÓNICA *asoma la cabeza. Sonríe con sorna. Vuelve a ocultarse y deja la puerta del armario ligeramente abierta, para escuchar la conversación.*) A ver, Pepe. He sido lesbiana toda mi vida. Jamás he sentido algo por un hombre desde el punto de vista sexual.
PEPE	Vale…
CARMEN	Contigo iba a ser mi primera vez…
PEPE	¡Oh!
CARMEN	…porque tú has conseguido ponerme cachonda de una forma hasta ahora desconocida para mí.
PEPE	(*Sorprendido.*) ¿Sí?
CARMEN	Sí. Y no quiero seguir adelante sin tener esa experiencia.
PEPE	(*Confuso.*) Pero… ¿Mónica…?

CARMEN	No te confundas. Amo a Mónica. Ella no puede enterarse de esto. Esta vez, no me lo perdonaría.
PEPE	(*Turbado.*) Sí, pero…
CARMEN	No me interrumpas ahora.
PEPE	Vale… sí, pero… (CARMEN *lo mira impaciente.*) Vale…
CARMEN	Mónica y yo hemos hablado. Nos hemos comprometido a sernos fieles a partir de ahora ¡Pero no es justo! (PEPE *la mira con sorpresa. Va a decir algo, pero finalmente se calla.*) Me ha mentido. Ha tenido varios hombres en su vida. Se ha acostado contigo varias veces. (CARMEN *mira a* PEPE, *que mantiene cara de póker.*) Me lo ha dicho. (PEPE *se mantiene mudo.*) No hace falta que me lo confirmes. ¡Y no está bien! Amo a Mónica y quiero que nuestra relación sea duradera. Casarnos… tener hijos… (PEPE *la mira con ternura.*) Pero eso implicaría que nunca más tendría la oportunidad de saber lo que es tener sexo con un hombre. (PEPE *abre los ojos desmesuradamente.*) Vale que hasta ahora nunca me había interesado. Pero ahora sí. Me interesa.
PEPE	Sí… te entiendo… pero…

(CARMEN *se pone coqueta. Con los dedos camina en el muslo de* PEPE. *La potente erección ya es evidente.*)

CARMEN   ¿No te gustaría desvirgar a una lesbiana irredenta?

(CARMEN *se pone de pie y hace que* PEPE *se levante del sofá.*)

PEPE   ¡Carmen...!

(CARMEN *en silencio, sin dejar de mirar a los ojos a* PEPE, *empieza a bajarle lentamente el pantalón del chándal, al tiempo que se pone de rodillas delante de él. Entonces, suena un escandaloso estornudo.*)

MÓNICA   (*Desde el armario.*) A... A... ¡Aaaaachís!

PEPE   ¡No, por favor...!

CARMEN   (*Fingiendo sorpresa.*) ¡No puede ser! (CAR-MEN *se dirige al armario. Abre la puerta derecha y encuentra a* MÓNICA *«escondida» entre los abrigos.* PEPE *se sube los pantalones con resignación. Se acerca a las chicas. A* MÓNICA, *con enfado sobreactuado.*) ¿Qué haces aquí? ¡Te odio! (*Mira a* PEPE.) ¡Y a ti también te odio!

	(CARMEN *sale corriendo del apartamento, dando un portazo.* MÓNICA *mira a* PEPE *con un pretendido disgusto.*)
MÓNICA	Lo siento. Tengo que ir tras ella... (*Silencio.* MÓNICA *se dirige hacia la puerta. Se detiene y se gira. Mira fijamente a los ojos a* PEPE. *Mira su entrepierna.*) Lo siento, de verdad.
PEPE	Pero... Yo...
MÓNICA	¡Ah! (*De pronto,* MÓNICA *corre hacia el armario.*) Me llevo mi abrigo... Luego vengo por lo demás.
	(MÓNICA *coge el abrigo del armario y sale del apartamento cerrando la puerta de golpe.* PEPE *y su erección se derrumban sobre el sofá.*)
PEPE	¡Mierda!
	(*La luz baja de intensidad.* PEPE *coloca las dos sillas en primer término, en el centro, y hace mutis. La luz sube de intensidad, iluminando el banco en el parque.* MÓNICA *y* CARMEN *salen a escena por un extremo del foro, cogidas de la mano, partiéndose de la risa.*)
MÓNICA	¡Ay... ay! ¡No puedo más...! Sentémonos un momento.

(*Las dos chicas se sientan en el banco. Se miran. Estallan en una carcajada.*)

CARMEN ¡Cómo lo hemos dejado! O se la casca ahora o va a tener un problema.

(*Vuelven a reír a carcajadas.*)

MÓNICA Y confirmado que toma las pastillas azules.

CARMEN ¿Sí?

MÓNICA Lo vi hacerlo cuando creyó que iba a pasar algo.

CARMEN ¡No!

MÓNICA Luego decidió darse una ducha. Sería para dar tiempo a que la pastilla hiciera su efecto.

CARMEN ¡Claro!

MÓNICA Dejó su móvil. Así que aproveché y le eché un vistazo.

CARMEN ¿No tiene contraseña?

MÓNICA 1983. Su año de nacimiento, el muy bobo. Como sea igual con sus cuentas bancarias…

CARMEN ¿Y qué averiguaste?

MÓNICA Que es un puto vago.

CARMEN   Ya…

MÓNICA   Y un sinvergüenza redomado.

CARMEN   Nada que nos sorprenda a estas alturas.

MÓNICA   No. Pero falta lo que es la guinda del pastel.

             (CARMEN *mira a* MÓNICA *con los ojos como platos.*)

CARMEN   ¿Que es…?

MÓNICA   Algo que seguro no sabes…

CARMEN   ¡Cuenta, cuenta…!

             (MÓNICA, *en voz baja, empieza a revelarle a* CARMEN *lo que ha descubierto de* PEPE. *Y lo que ha hecho para consumar su venganza. La luz baja de intensidad.* MÓNICA *y* CARMEN *dejan una silla en la mesa del salón, la otra al lado del sofá y hacen mutis. La luz aumenta de intensidad en el diván de la consulta del* PSICOANALISTA, *en el que está tumbado* PEPE, *vestido con su chándal de marca. El* PSICOANALISTA *está sentado en la silla detrás del cabecero del diván, tomando notas.*)

PEPE   Perdóneme, doctor, por haber venido sin cita, pero es una emergencia.

PSICOANALISTA No tenía paciente a esta hora.

PEPE   Gracias.

PSICOANALISTA De nada.

PEPE   Ayer no me dio tiempo a contarle mi experiencia traumática.

PSICOANALISTA Cierto.

PEPE   Pero lo que me ha pasado hoy me tiene totalmente desconcertado.

PSICOANALISTA Ajá…

PEPE   Y, por favor, no repita simplemente lo último que diga. (*El* PSICOANALISTA *se mantiene impasible.*) Por favor.

PSICOANALISTA Adelante.

PEPE   Pues, usted recuerda que yo salgo con Mónica, que también es su paciente. (*El* PSICOANALISTA *no responde.*) Ella me recomendó con usted.

PSICOANALISTA No puedo hablar de otros pacientes con usted.

PEPE   ¡No… no! Ni lo pretendo.

PSICOANALISTA Bien.

PEPE   Era solo por ponerlo en antecedentes.

PSICOANALISTA Ajá.

PEPE   Yo salgo con Mónica hace un tiempo. Pero, usted sabe que Mónica es lesbiana... bisexual, vamos...

PSICOANALISTA Eso lo ha dicho usted.

PEPE   Sí... sí... Tranquilo.

PSICOANALISTA Vale.

               (PEPE *se gira y mira al* PSICOANALISTA.)

PEPE   Usted está aquí para escuchar, ¿no es verdad? (*El* PSICOANALISTA *asiente.*) Pues, escuche. (*El* PSICOANALISTA *hace un gesto de que continúe.* PEPE *se acomoda nuevamente en el diván.*) Pues... Mónica tiene una pareja, lesbiana, se llama Carmen... y hace unos días, en la cena de navidad de su empresa, Carmen se me insinuó... ¿sabe? Que... quería rollo conmigo...

PSICOANALISTA ¡Madre de dios! ¡Perdón! No debería haber dicho eso. Continúe, por favor.

               (PEPE *hace un gesto de comprensión.*)

PEPE   Descuide. A mí también me parece un despropósito.

PSICOANALISTA   Vale.

(*El* PSICOANALISTA *escribe en su cuaderno de notas.*)

PEPE   Pero aún no ha escuchado nada.

PSICOANALISTA   ¡Oh!

PEPE   Resulta que cuando Carmen y yo estábamos en mi apartamento, a punto de hacerlo...

PSICOANALISTA   ¿Hacer qué?

PEPE   ¡Sexo, doctor! ¿De qué estamos hablando?

PSICOANALISTA   ¡Vale, vale! Pero... entonces... su disfunción eréctil... ¿No tuvo problemas para...?

PEPE   Me había tomado ya la pastilla azul. Media hora antes de ir al apartamento.

PSICOANALISTA   ¡Ah, de acuerdo!

(*El* PSICOANALISTA *hace un gesto de haber comprendido. Toma notas.*)

PEPE   Entonces, cuando Carmen y yo estábamos a punto de empezar... (PEPE *se gira en el diván y mira al* PSICOANALISTA.) ...a follar...

PSICOANALISTA   ¡Sí, sí! ¡Claro!

(Pepe *se acomoda en el diván.*)

PEPE   Mónica llegó a casa y nos sorprendió. (*El* Psicoanalista, *con los ojos saliéndose de sus órbitas, se mantiene mudo y toma notas.*) Fue toda una locura. Carmen se escondió en un armario... luego tuvo un calambre... Mónica la encontró... y las dos salieron cabreadas de casa... (*El* Psicoanalista *carraspea y se traga su comentario.*) Sí. Lo que estará pensando.

Psicoanalista   ¡Nada, nada! Siga.

PEPE   Eso fue lo de ayer. Pero lo realmente espeluznante es que, esta tarde, Mónica apareció en mi apartamento, dispuesta a arreglar lo nuestro, a espaldas de Carmen. (*El* Psicoanalista *no da crédito a lo que escucha. Cierra el cuaderno de notas, marcando la página con el bolígrafo.*) Entonces, fue Carmen la que llegó al apartamento, también dispuesta a continuar lo que dejamos a medias. (*El* Psicoanalista *ahoga una carcajada.*) Sí... ríase... No se corte.

Psicoanalista   ¡Perdón! No ha sido nada profesional por mi parte.

(Pepe *hace un gesto de comprensión.*)

PEPE   Esta vez fue Mónica la que se metió en el armario... (Pepe *se gira en el diván y mira al* PSICOANALISTA.) ¿Se da cuenta de la ironía... las lesbianas teniendo que meterse en el armario?

PSICOANALISTA Me doy cuenta... me doy cuenta...

(PEPE *vuelve a acomodarse en el diván.*)

PEPE Mónica no pudo reprimir un estornudo... Carmen la descubrió... y volvieron a salir de casa cabreadas como monas...

PSICOANALISTA Entiendo...

PEPE El caso es que no sé cómo afrontar esta situación.

PSICOANALISTA (*Como si hubiera hecho un descubrimiento.*) ¡Ajá!

(*El* PSICOANALISTA *abre su cuaderno de notas, coge el boli y continúa escribiendo.*)

PEPE Y estoy pensando que vivir en esta cuerda floja puede agravar mi problema... ¿sabe...? el que no pueda mantener...

PSICOANALISTA ¿Cree que la relación con estas mujeres tiene que ver con su disfunción eréctil?

PEPE ¿Ya empezamos? Llevo con este problema desde antes de conocerlas. Pero si el estrés tiene que ver con el origen, lo llevo claro.

PSICOANALISTA   Bien. Y ¿qué va a hacer entonces para gestionar su relación con estas dos mujeres?

PEPE   Supongo que no volveré a saber de ninguna de ellas.

PSICOANALISTA   Vale.

(*El* PSICOANALISTA *escribe en el cuaderno.*)

PEPE   Si nos encontramos en la calle, me cambiaré de acera... O sea... Es un decir...

PSICOANALISTA   ¿Y no considera la posibilidad de hablar con ellas?

PEPE   ¡No!

PSICOANALISTA   ¿Por qué?

PEPE   Soy muy joven para morir.

(*El* PSICOANALISTA *toma notas.*)

PSICOANALISTA   Bueno. Vamos a dejarlo por hoy y mantenemos la cita de la próxima semana.

PEPE   Vale. Por lo menos esta vez me ha permitido desahogarme.

PSICOANALISTA   ¿Cree realmente que esta charla le ha servido para desahogarse?

(PEPE *se incorpora y se sienta en el diván.*)

PEPE   (*Condescendiente.*) ¡Ay, doc! Y... ¿qué es de Leonardo?

PSICOANALISTA   Pues, hoy no sé por dónde anda... (*El* PSICOANALISTA *señala hacia los pies de* PEPE.) ¡Cuidado! (PEPE *da un brinco y sube los pies al diván.*) ¡Que es broma! (*Tuteando al paciente.*) Oye, Pepe. Llevamos trabajando varias semanas y, la verdad, no parece que progreses adecuadamente. Hay un tema que me gustaría tratar contigo, pero quizás te vendría bien hacerlo fuera de la consulta.

PEPE   (*Asimilando la broma.*) Me parece genial. Siempre y cuando no me repitas constantemente lo último que diga.

PSICOANALISTA   (*Asimilando la crítica.*) Te lo prometo.

PEPE   ¿Conoces el bar Malasaña? Está muy cerca de aquí.

PSICOANALISTA   Y tanto que lo conozco.

PEPE   Pues, yo vivo en el portal de al lado.

PSICOANALISTA   Estupendo. Mañana termino la consulta a las ocho. Si te viene bien, me paso luego por ahí.

PEPE   Sin prisas. Me tocas el telefonillo y bajo de inmediato. Tienes la dirección en mi ficha ¿verdad?

PSICOANALISTA   La tengo.

PEPE   Nos tomamos unas cervezas y charlamos de lo que quieras. Hasta mañana, doc.

                (PEPE *se levanta del diván y hace mutis. El* PSICOANALISTA *cierra el cuaderno de notas, saca la grabadora de sonido y la enciende.*)

PSICOANALISTA   Paciente de cuarenta años... ¡Madre del Amor Hermoso! ¡La que ha «liao»! No contento con tirarse a una bisexual, ha pretendido también tirarse a su pareja lesbiana. Difícil ser más retorcido. Sin duda alguna, esto va a afectar a su desempeño sexual. Nota interna: aunque yo creo que este no va a mojar en algún tiempo. (*El* PSICOANALISTA *apaga la grabadora. Saca el móvil con premura y marca un número.*) ¿Mónica? ¿Por dónde vas? ¿En la cafetería de enfrente? Lo has visto salir. Bien. Los dos sabéis que sois mis pacientes, pero preferiría que hoy no coincidierais. (*Pausa.*) Algo... Vino sin cita. (*Pausa.*) Sabes que no puedo hablar de otros pacientes... Sube cuando quieras.

                (*El* PSICOANALISTA *revisa los apuntes de su cuaderno, cuando sale a escena* MÓNICA, *de vaquero y sudadera.*)

MÓNICA   (*Seria.*) Hola.

(MÓNICA *se tumba en el diván con displicencia. El* PSICOANALISTA *permanece sentado en la silla detrás del cabecero del diván.*)

PSICOANALISTA Hola, Mónica.

MÓNICA   Que sepas que no me interesa lo más mínimo cualquier cosa que te pueda haber dicho el cantamañanas que acaba de salir.

PSICOANALISTA No puedo hablarte de él, como a él no le he hablado de ti.

MÓNICA   ¡Puf! Paso de Pepe. Totalmente.

PSICOANALISTA Te recuerdo que fuiste tú la que me dijiste que salías con este tío. Y me lo recomendaste como paciente.

MÓNICA   Que sí.

PSICOANALISTA ¡Ah, vale!

MÓNICA   Y no me arrepiento, porque a partir de mañana va a necesitar de tus servicios con mayor frecuencia.

(MÓNICA *se tapa la boca para ahogar una risa.*)

PSICOANALISTA ¿Mañana? ¿Qué pasa mañana?

(MÓNICA *duda durante un instante.*)

MÓNICA   Que... es... el último día de campaña electoral.

PSICOANALISTA Y eso ¿qué tiene que ver?

MÓNICA   Nada.

PSICOANALISTA ¿Me estás tomando el pelo?

MÓNICA   (*Con dureza, producto del enfado.*) ¿No era que no hablabas de unos pacientes con otros? Tengo mis propios problemas como para preocuparme por este gilipollas.

PSICOANALISTA Está bien. Cuéntame, ¿Qué te preocupa hoy?

(*El* PSICOANALISTA *empieza a tomar notas.*)

MÓNICA   Pues, lo de siempre. Yo misma no me entiendo. He estado a punto de perder a la mujer de mi vida... por el gilipollas.

PSICOANALISTA Ajá...

MÓNICA   No sé por qué lo hago... Y me preocupa que, si volviera a ocurrir, Carmen me dejara definitivamente.

PSICOANALISTA ¿No sabes por qué lo haces?

(Mónica *se incorpora. Se sienta en el diván. Mira directamente a los ojos al* Psicoanalista.)

Mónica   Francisco, conmigo, no. ¿Eh? Te lo pido por favor. Si solo me vas a escuchar, me escuchas. Pero no empieces con las gilipolleces porque me levanto y me voy.

(*El* Psicoanalista *cierra su cuaderno de notas.*)

Psicoanalista   Pero ¿qué perra os ha cogido con el psicoanálisis? (*Cambia el tono.*) Perdona, cariño, es que a veces se me va la pinza contigo. Sabes que la técnica es así...

(Mónica *se vuelve a recostar en el diván.*)

Mónica   Ya. Vengo porque eres el marido de mi madre. Y no me cuestionas. Y no me cobras. Pero, no. Los truquitos de loquero, no.

Psicoanalista   Que es técnica, no truquitos...

(Mónica *se vuelve a incorporar y se queda sentada en el diván.*)

Mónica   ¿Me vas a escuchar, o me voy?

(*El* Psicoanalista *suspira, se acomoda con paciencia en la silla y deja su cuaderno en el suelo.*)

PSICOANALISTA   Te escucho.

              (MÓNICA *se vuelve a tumbar en el diván.*)

MÓNICA   Pues, lo que ya sabes… Antes de conocer a Carmen, tuve muchas parejas, hombres y mujeres. Pero nunca fui feliz.

PSICOANALISTA   Lo sé.

MÓNICA   Sin embargo, cuando me enamoré de Carmen, no conseguí sentar cabeza. Y no entiendo por qué.

PSICOANALISTA   Ajá…

MÓNICA   ¡Si era feliz con ella como nunca lo había sido! ¿Por qué? (*El* PSICOANALISTA *hace un gesto de querer decir algo, sin embargo, se corta y no lo hace.*) Y tengo claro que no es que me haga falta un hombre. Para nada. La relación con Carmen me satisface plenamente.

PSICOANALISTA   Bien…

MÓNICA   Entonces, ¿por qué? ¿Me puedes decir por qué hago esto? Y cuidado con los truquis…

PSICOANALISTA   Cariño, sin trampa ni cartón. Tuviste una adolescencia difícil. La separación de tus padres en ese momento tan crítico de la existencia te afectó más de lo esperado.

MÓNICA   Cierto.

PSICOANALISTA   Has sufrido mucho en la vida y eso te ha pasado factura. Pero, al parecer, ahora eres consciente de que ha llegado el momento de dejar atrás tus traumas.

MÓNICA   (*Triste.*) Ya…

PSICOANALISTA   Yo sé que puedes hacerlo. Solo falta que tú lo descubras.

                (MÓNICA *se incorpora y se sienta en el diván.*)

MÓNICA   (*Curiosa.*) ¿Y eso… cómo se hace?

PSICOANALISTA   Con mucho trabajo. Tú has estado viniendo a verme de pascuas a ramos, cuando te ha apetecido… realmente, cuando te ha salido del higo. Pero hasta ahora no te habías planteado seriamente recuperar tu salud mental.

MÓNICA   Más razón que un santo.

PSICOANALISTA   Todo tu malestar, todo ese «no saber qué hacer», puede cambiar con trabajo.

MÓNICA   (*Animada.*) ¿Sí?

PSICOANALISTA   Sí. Y si hoy has decidido emprender ese camino, enhorabuena. Aquí estoy para lo que necesites.

(MÓNICA *escucha con atención a su padrastro.*)

MÓNICA   Gracias, Francisco. Lo haré.

PSICOANALISTA   ¡Bien!

MÓNICA   Pero antes, tengo que terminar lo que he iniciado.

PSICOANALISTA   No sé qué rondará en esa cabecita. Pero confío en ti.

MÓNICA   Te lo agradezco.

PSICOANALISTA   Temo más por Pepe, pero es otro adulto que tendrá que asumir las consecuencias de sus actos.

MÓNICA   Eso es.

PSICOANALISTA   (*Bromeando.*) Y puede ser una buena fuente de ingresos.

MÓNICA   (*Divertida.*) Lo será.

PSICOANALISTA   Y una última cosa. Llama a tu madre. Lo necesita, aunque no lo diga. Tienes su mismo carácter. Intenta comprenderla.

(MÓNICA *se levanta del diván y le da un beso en la frente al* PSICOANALISTA.)

MÓNICA   Fuiste un buen padre. El que haya salido
                torcida es solo responsabilidad mía.

                (*El* PSICOANALISTA *también se levanta y le de-*
                vuelve el beso en la frente a MÓNICA. *Se abra-*
                zan con cariño.)

PSICOANALISTA   No has salido torcida, tesoro. Eres una bue-
                na persona, que ha cometido errores, como
                todos. Lo que viene siendo, vivir. (MÓNI-
                CA *sonríe al* PSICOANALISTA *y hace mutis. El*
                PSICOANALISTA *saca la grabadora y la en-*
                ciende.) Paciente de treintai… (*Pausa.*)
                ¡Qué cojones! Nota interna: Mónica por
                fin va a tomar las riendas de su vida. La
                veo decidida. Vamos a pautar sesiones pe-
                riódicas de psicoterapia y le propondré el
                uso de la hipnosis para acelerar la conse-
                cución de resultados. Esta vez, vamos a
                por todas, cariño.

                (*La luz baja de intensidad. El* PSICOANALIS-
                TA *coge dos de las sillas, las coloca en primer*
                término en el centro y hace mutis. La luz au-
                menta de intensidad en primer término. MÓ-
                NICA *sale a escena por un extremo del foro.*
                Está en la calle, saliendo de la consulta de su
                padrastro. Camina lentamente, absorta en
                sus pensamientos. Frente al banco en la ca-
                lle, se detiene. Se sienta. Saca el móvil. Bus-
                ca un número. Lo marca y habla.)

MÓNICA   ¿Madre? (*Pausa.* MÓNICA *sonríe relajada.*) Sí, hace mucho... ¡No! Estoy bien... No estoy metida en ningún lío... (*Ríe.*) Bueno... mi vida sigue siendo un desastre, pero nada que deba preocuparte. (*Pausa.*) Sí... sigo con Carmen, pero no estamos pasando por un buen momento... (*Pausa.*) Sí... por mi culpa. Pero me he hecho el firme propósito de empezar a hacer bien las cosas. Esta vez de verdad. (*Pausa.*) Sé que lo he dicho otras veces... pero esta es la buena... (*Sonríe.*) ¿Sabes? He estado pensando en ti... en papá... Cuando os separasteis yo era aún una cría... ¿Te suena que mi comportamiento hubiera cambiado de alguna forma particular? (*Pausa. La cara de* MÓNICA *va cambiando a una mezcla de sorpresa y rubor.*) Bueno... estaba muy enfada... ¡Quééé! ¿De verdad...? (*El rubor se intensifica en las mejillas de* MÓNICA. *Se tapa la boca, con los ojos como platos, sorprendida por lo que le está contando su madre.*) ¿Una mierda en tu zapato...? No recordaba nada de eso... pero, ahora que lo mencionas... ¡Dios mío! (*Pausa.* MÓNICA *sonríe culpable.*) Sí... Se me fue la cabeza. Nunca hemos hablado de esto, pero... creo que siempre te culpé de la separación... (*Pausa.*) ¡Qué me dices...! (*Pausa.* MÓNICA *escucha a su madre con la mandíbula desencajada.*) No lo puedo creer... ¿Tú...? ¿Infiel? Ya, ya... No te juzgo... pero...

¡No…! Vamos a ver… que tuvieras un desliz con otro hombre no significa que tú… ¿Qué? ¡Qué! ¡Con una mujer…! (MÓNICA *no puede reprimir una carcajada que casi la deja sin aliento. Intenta recomponerse de la impresión. Le falta el aire.*) Perdona… mamá… me ahogo… ¡No! No me burlo en absoluto… Es solo la impresión… perdona un segundo… (MÓNICA *procura alejar el móvil todo lo que le permiten los brazos, tapando el micrófono con ambas manos, para soltar otra carcajada que es más que nada un grito desgarrador de catarsis. Asfixiada.*) Ya… mamá… ya… ¿por qué nunca me has hablado de esto…? (*Pausa.*) ¡Ya, coño, pero hace mucho que soy una mujer…! Perdón… madre… (*Le cuesta aguantar la risa.*) Y padre… no lo entendió… Ya… creyó que te habías cambiado de acera… (*Pausa.*) Papá se equivocó… Recuerdo que trabajaba hasta muy tarde y no te prestaba la atención que necesitabas… (*Pausa.*) Ya… Y… Francisco… lo sabe. Vale. ¡Vaya historia! Oye, y… esa mujer de la que te enamoraste… ¿no…? (*Pausa.*) No volviste a verla… ¿Por qué? Vale… vale… Y decidiste ir a terapia… ¡Claro! ¡Así conociste a Francisco! ¡Menudo espabilado…! (*Pausa.*) Me gusta Francisco (*Pausa.*) ¿Te hace feliz? (*Pausa.* MÓNICA *sonríe.*) Disfruta de esta oportunidad que te dio la vida, madre… Tenemos que vernos y hablar de estas cosas… en persona… Sí, lo sé, pero esta vez va en serio... ¿La próxima semana? ¿Qué te parece el jueves, como hoy, más o menos a esta hora? En tu casa, sí. (*Pausa.*) Perfecto. Quedamos en eso. Te quiero. (MÓNICA *cuelga el teléfono y exhala un profundo suspiro.*) ¡Dios! ¡De tal palo...! Y yo creyendo que mi madre y yo no nos entendíamos...

(*Con una sonrisa relajada,* MÓNICA *se levanta del banco y hace mutis. La luz baja de intensidad.* PEPE *y* RUBÉN *colocan la mesa y las otras dos sillas en primer término, en el extremo derecho. Es una mesa en el bar en la planta baja del edificio de apartamentos donde vive* PEPE. *La luz aumenta de intensidad, iluminando la mesa del bar.* PEPE *trae dos copas. En el bar está sonando* «Pedro Navaja» *de* Rubén Blades.)

RUBÉN	¡Vaya historia! Porque me lo estás contando tú, y te conozco. Si no, creería que es una fantasmada.
PEPE	Si hasta a mí me cuesta creerlo.
RUBÉN	Tus dos amantes lesbianas otra vez, solapándose.
PEPE	Las dos dispuestas a continuar conmigo en una relación de solo sexo, puro y duro.
RUBÉN	Sobre todo, duro.

(Pepe *sonríe.*)

PEPE   Y ya me duelen las pelotas de tanto quiero y no puedo…

RUBÉN   Oye, ¿y has intentado llamarlas?

PEPE   ¡No! ¿A cuál de ellas? No sé cómo lo estarán llevando.

RUBÉN   Es verdad.

(*Los dos cogen sus copas, las chocan y beben.*)

PEPE   Tampoco me gusta la idea de que por mi culpa su relación se fastidiara.

RUBÉN   ¡Venga ya! Son mujeres adultas.

PEPE   Ya, pero…

RUBÉN   ¡Pero nada! Son dos lesbianas que han decidido cambiar la almeja por el salchichón…

PEPE   ¡Qué bestia!

RUBÉN   Pero es eso. Y te digo más. Estas dos bolleras te han sometido a una experiencia traumática. (PEPE *ahoga una carcajada.*) ¡Que sí! En el fondo… ¡tú eres la víctima!

PEPE   Eres un animal ¡Pero es totalmente surrealista!

RUBÉN   Lo es.

PEPE   He llegado a pensar que el universo está
             confabulado en contra mía. Para darme una
             lección, ¿sabes? ¿Cómo pudo aparecer Car-
             men justo en el momento en que Mónica
             iba a empezar a...?

             *(Hace el gesto de una felación. La luz cam-
             bia. Se apaga la de la mesa del bar y la mú-
             sica. Se escucha el sonido de una cinta que
             se rebobina y se ilumina el banco del parque,
             en el que están sentadas* MÓNICA *y* CARMEN,
             *vestidas de azafatas, con sus chaquetas pues-
             tas, el día que* MÓNICA *pilló a* CARMEN *en el
             armario de* PEPE. *Los zapatos de* CARMEN *es-
             tán aún en el suelo, a su lado.)*

MÓNICA   ...Pondremos las alarmas a las seis y me-
             dia. Entonces, cuando suene, tú esperas
             un minuto exacto, y tocas el telefonillo
             ¡Un minuto exacto, por favor! Ni treinta
             segundos, ni minuto y medio, que no es-
             tamos para bromas.

             *(*CARMEN *hace el gesto de saludo militar.)*

CARMEN   ¡Señora! ¡Sí, señora!

MÓNICA   No seas payasa que nos estamos jugando
             mucho. Y ¿te quieres poner los putos za-
             patos, por favor, que te vas a resfriar?

(Carmen *mira a* Mónica *con desdén y empieza a colocarse uno de los zapatos. La luz cambia. Se apaga la luz en el banco del parque y se vuelve a iluminar la mesa del bar. Vuelve a sonar «Pedro Navaja».*)

Pepe   Y cuando iba a ser Carmen la que me iba a hacer la mamada, a Mónica le da por estornudar.

Rubén   ¡Madre mía! ¡Qué chasco!

Pepe   Naaaa… Al final, casi mejor. No sé qué hubiera podido hacer con Mónica en el armario.

Rubén   (*Partido de risa.*) ¡Un trío!

Pepe   ¡Calla, imbécil!

(*Los dos jóvenes se descojonan. La luz vuelve a cambiar. Se apaga la del bar y la música cesa. Se escucha la cinta que se rebobina y se ilumina el banco en el parque. Las dos azafatas continúan urdiendo su plan.* Carmen *termina de colocarse el segundo zapato.*)

Carmen   Y a mí no me vayas a dejar tirada ¿eh?

Mónica   Que no, tonta…

Carmen   No sabría qué hacer.

MÓNICA

Abriré un pelín la puerta del armario, para controlar la situación. (*Con sorna.*) En cualquier caso, es solo una polla...

CARMEN

¡Calla, imbécil!

(*Las dos jóvenes se descojonan. La luz vuelve a cambiar. Se apaga la del banco en el parque y se ilumina la de la mesa en el bar. Se escucha por los altavoces «La vida te da sorpresas...».*)

RUBÉN

(*A* PEPE.) ¡Mira! Dedicada para ti... «sorpresas te da la vida ¡Ay, dios!».

PEPE

¡Serás tonto! Pero es verdad. No salgo del *shock*.

RUBÉN

¡Venga, Pepe! (*Coge y levanta su copa.*) ¡Salud! ¡Por la vida... y sus sorpresas!

(PEPE *levanta su copa y brindan.*)

PEPE

Salud, amigo.

RUBÉN

(*Ininteligible, con la copa del revés aún en la boca, apurando las últimas gotas del cóctel.*) ¿Y las erecciones?

PEPE

(*Sorprendido.*) ¿Qué...?

RUBÉN

Las elecciones... que si finalmente vas a ir a votar...

PEPE   (*Turbado.*) No sé... según como tenga el día, me acerco al colegio o no.

RUBÉN   (*Pensativo.*) Yo, al final, votaré a la izquierda... O... a la derecha...

(PEPE *también apura su copa hasta el final.*)

PEPE   Colega, lo que tú digas... Voy a por otra ronda.

(PEPE *se levanta. La música cesa, la luz se apaga en el bar, se escucha la cinta que se rebobina y se ilumina el banco en el parque, donde las azafatas ultiman los detalles de su plan.*)

MÓNICA   Entonces, cuando se descubra el pastel, salimos por patas. Y lo dejamos con las ganas. ¿Qué te parece?

CARMEN   Me parece una idea genial.

(*Las chicas se abrazan con cariño.* MÓNICA *mira a los ojos a* CARMEN, *que le devuelve una mirada de amor.*)

MÓNICA   ¿Podrás perdonarme?
CARMEN   (*Con sorna.*) No sé yo...

MÓNICA   (*Sonriendo.*) Venga... no seas cruel conmigo.

CARMEN

Te perdono, porque te quiero. Pero, por favor, no vuelvas a hacerme esto.

MÓNICA

No lo haré.

CARMEN

Si necesitas algo que yo no pueda darte...

MÓNICA

Te lo prometo... Hablaré contigo de mis necesidades y deseos... Y siempre nos quedará el «Señor Pollón»...

(CARMEN, *de broma, le da un manotazo en el brazo a* MÓNICA. *Las dos chicas ríen relajadas.*)

CARMEN

¿Y qué pasará con el Pepe de los cojones?

MÓNICA

De esta se le quitan las ganas de tomarle el pelo a las mujeres.

(*Las azafatas ríen con complicidad, mientras la luz se apaga en el banco del parque y vuelve a cambiar a la mesa del bar. Se vuelve a escuchar* «...sorpresas te da la vida...».)

RUBÉN

Y... ¿tú crees que se habrá acabado ya, definitivamente?

PEPE

¿Y yo qué sé? Las mujeres son tan raras. Pero... sí. No se me ocurre de qué manera podría volver a tener algo con estas dos mujeres de altos vuelos...

(Los jóvenes vuelven a reír, mientras la luz baja de intensidad. MÓNICA, CARMEN y RUBÉN *devuelven las sillas y la mesa a su sitio original y hacen mutis.* PEPE *se lleva las copas y trae una jarra con agua y un vaso, que deja sobre la mesa. La música cesa y la luz aumenta de intensidad, con* PEPE *una vez más en el sofá del salón, en pijama, mirando una película porno en el ordenador y masturbándose. En un extremo del foro, aparece* BETTY *hablando por el móvil, desde Paris.)*

BETTY

Oui, la seriedad es lo que caracteriza a nuestra empresa. Puede usted confiar en nosotros. Tenemos en Madrid a nuestro representante que se hará cargo de todo lo necesario para la organización de su evento *(Silencio. La cara de* BETTY *muestra enfado.)* No, no… En estos días estamos un poco desbordados de trabajo, pero sin duda podemos hacernos cargo. *(Silencio. El enfado de* BETTY *va en aumento.)* Sí… es posible… quizás las líneas estuvieran saturadas… No se preocupe. *(Silencio.* BETTY *hace gestos de impaciencia.)* ¡No, no, no! No hace falta que busque una alternativa. Le aseguro que no encontrará un servicio como el que podemos ofrecerle nosotros a un precio tan competitivo. *(Silencio.* BETTY *hace un esfuerzo por parecer amable.)* ¡Sí, por supuesto! Eso está garantizado. *(Silencio.)* Sí, sí… efectivamente. *(Silencio.)* Descuide. Me ocuparé personalmente. *(Silencio.) Oui…*

de hecho, esta tarde vuelo a Madrid... Muy bien. Así lo haremos. *Au revoir.* (BETTY *cuelga el teléfono, enfadada.*) *Merde...!* Así que no coges el teléfono. ¡Te vas a enterar! Te voy a poner las pilas. (*Ríe.*) Pero después de echarte un buen polvo. (*Ríe con su risa aguda.* BETTY *hace mutis, tarareando una canción.*) *Voulez vous coucher avec moi ce soir?*

(PEPE *sigue frente al ordenador, cuando suena su móvil. Sin dejar de tocarse,* PEPE *mira la pantalla del móvil.*)

PEPE   Número desconocido... pues, lo llevas tú claro... (*La llamada distrae a* PEPE, *que pierde la erección.*) ¡Mierda! ¡Ya se ha «desinflao» otra vez! ¡Joder! (*Enfadado,* PEPE *cierra el ordenador, lo deja entre los cojines del sofá y se tumba en él.*) Y hoy no he visto el horóscopo...

(PEPE *busca en el móvil la web de la astróloga sudamericana y reproduce el vídeo.*)

VOZ   (*En off.*) Géminis. En la salud, ¿has ido ya a consultar a un especialista...?

(PEPE *pone pausa.*)

PEPE   ¡Que sí, coño! ¡Que ya estoy viendo al loquero!

(Da a reproducir.)

Voz   *(En off.)* ...no te lo tomes a la ligera, porque puede convertirse en algo importante.

Pepe   Vale, que sí...

Voz   *(En off.)* En el trabajo, pe... pe....

(Pepe, sorprendido, se sienta en el sofá.)

Pepe   ¿Perdón? *(Pepe se levanta y empieza a moverse por el salón con el móvil en alto, buscando la señal de internet.)* ¡Mierda de wifi!

Voz   *(En off.)* Pe... permite que tus superiores participen activamente de tus responsabilidades y tus logros. El beneficio será mutuo.

Pepe   *(Irónico.)* ¡Sí, claro!

Voz   *(En off.)* En el amor...

Pepe   Eso, eso...

Voz   *(En off.)* ¡Cuidado!, géminis. Veo un negro porvenir....

Pepe   ¡Ahí va!

Voz   *(En off.)* Una tormenta perfecta que puede tener graves consecuencias para tu relación, pe... pe...

PEPE   (*Suspicaz.*) ¿Qué coño?

(PEPE *vuelve a moverse por el salón, con el brazo en alto, buscando la señal.*)

VOZ   (*En off.*) Pe… pero todavía está en tus manos evitarlo. No desperdicies esta oportunidad.

PEPE   ¡Y una mierda *pa'ti*! (PEPE *apaga el móvil, lo tira sobre el sofá y se tumba en él. Cierra los ojos. Se queda dormido. Empieza a revolverse en el sofá. Está teniendo una especie de pesadilla. Abrumado.*) No… señora… su hija es mi novia… señora… (*Sorprendido.*) Que tenemos fecha de boda… ¡Señora! (*Excitado.*) ¡Señora…!* Sigue que yo te aviso… (*De pronto, suena el telefonillo. El desagradable zumbido despierta a* PEPE. *Enfadado.*) ¡Cagüen…! ¿Ni el viernes por la tarde me van a dejar en paz…? (*Se levanta del sofá para contestar al telefonillo. Bosteza. Se rasca la espalda y se despereza. Molesto.*) ¡Sí! (*Su cara muestra una perplejidad absoluta. Suaviza el tono de voz.*) ¡Te abro, Carmen! (PEPE *pulsa la apertura del portal y cuelga el telefonillo. Abre la puerta del apartamento y vuelve a poner metros de distancia con la entrada. Para sus adentros.*) ¡No, por dios! ¡Otra vez no! (*Sale* CARMEN *a escena, tranquila, sin ánimo de discutir. Viste pantalón corto, blusa y chaqueta. No cierra la puerta.*) ¡Carmen… no era lo que parecía…!

(*Se cierra la puerta. Sale* MÓNICA *a escena, igualmente tranquila, con un vestido corto y su abrigo ligero. Aturullado.*) Mó… Mó…

MÓNICA   Ca-cá… Mo-mó… A ver si en lugar de psicoterapia te va a hacer falta un logopeda. Tranquilo, Pepe. Carmen y yo lo hemos hablado. Ven, sentémonos. (MÓNICA y CARMEN *se acercan a* PEPE, *que, con reparos, se deja llevar por las jóvenes, una de cada mano, hasta el sofá.* MÓNICA *se quita el abrigo ligero que lleva y* CARMEN *la chaqueta. Las dos dejan sus ropas sobre el sofá. Los tres se sientan.* PEPE *en el centro de las dos chicas.* MÓNICA *toma la palabra.*) Mira, Pepe. Esto no tiene sentido. Nos gustas a las dos.

PEPE   (*Sorprendido.*) ¿Sí?

MÓNICA   Sí. La relación que tenemos Carmen y yo es una relación sólida. ¡Pero nos va la marcha!

PEPE   ¡Hala…!

MÓNICA   Yo he sido toda mi vida bisexual, y de vez en cuando me hace falta un buen…

CARMEN   Rabo.

(MÓNICA *mira a* CARMEN *sin rencor.*)

MÓNICA   Gracias, por lo gráfico. Carmen, en cambio, nunca ha probado uno.

CARMEN   No.

MÓNICA   Y, aunque su intención inicial fuera solo la venganza, estaría bien que supiera al menos si se está perdiendo algo.

(PEPE *no sale de su asombro.*)

PEPE   Pero… ¿Me estáis proponiendo… después de lo que hemos pasado… que ahora salga… con las dos?

CARMEN   Bueno… salir… salir… Estamos hablando de follar.

(*A* PEPE *se le iluminan los ojos.*)

MÓNICA   Hemos pensado… que… alguna vez podrías estar con una… otra vez con la otra…

PEPE   ¡Dios!

MÓNICA   Y, en alguna ocasión, como hoy, podrías estar con las dos…

(*Con los ojos fuera de las órbitas, de pronto,* PEPE *se levanta del sofá.*)

PEPE   Perdonad un momento. Acabo de recordar que hoy no he tomado mis vitaminas.

MÓNICA

¡Adelante! Sin prisas. (MÓNICA *le guiña un ojo a* CARMEN.) Tú si has tomado el magnesio, ¿verdad?

CARMEN

Sí. Me lo recuerdas cada mañana.

(PEPE *va hacia la estantería. Coge una de sus pastillas azules y la toma con un vaso de agua. Vuelve al sofá y se sienta cómodamente entre las chicas. Coge a cada una de ellas por sus muslos desnudos.*)

PEPE

¡Bueno! Yo creo que tenemos tiempo para tomar una copita…

(CARMEN *y* MÓNICA *se miran con complicidad.*)

CARMEN

¡Por supuesto!

PEPE

Con unos aperitivos, mientras charlamos sobre esta… nueva relación… entre nosotros ¿verdad?

MÓNICA

(*Enigmática.*) Sí… tenemos tiempo. (*Los tres se levantan del sofá y empiezan a traer cosas de la cocina.* PEPE *se lleva la jarra de agua y el vaso y traen una botella de cava, dos de vino, copas, tablas de jamón, quesos, pan… Las colocan sobre la mesa.* MÓNICA *se fija en uno de los quesos. Sorprendida.*) ¡Mira, Carmen! ¡El Camembert de Normandía que me encanta! ¡Qué casualidad! (*A* PEPE.) ¿Lo consigues aquí?

PEPE

¡Qué va! Me lo manda de París mi… madre… Vive allí…

MÓNICA

(*Suspicaz.*) ¡Oh! Es muy exclusivo. Tu… madre tiene buen gusto. Carmen me lo suele traer cuando vuela a París. Vuela mucho a París.

CARMEN

(*Abstraída.*) Lo que tiene ser azafata de vuelo. (PEPE *sirve el cava. Brindan. Degustan las viandas con alegría. Brindis y risas se repiten. Abren el vino.* PEPE *rellena su copa con frecuencia.* MÓNICA *mira su reloj de pulsera y le hace una señal a* CARMEN.) ¡Uff! ¿Tienes la calefacción muy alta? ¿O es la bebida que me ha dado calor…?

(CARMEN *se quita la blusa y se queda en sujetador.* PEPE *la mira con deseo.*)

MÓNICA

¡Pues, sí que hace! (MÓNICA *se levanta el vestido por encima de la cabeza y se queda en bragas y sujetador. Los ojos de* PEPE *se salen de las cuencas.*) ¡Mucho mejor! (MÓNICA *le da un pequeño empujón con el hombro a* PEPE *que trastabilla por todo el alcohol que ha bebido.*) Pon algo de música ¿no? Algo que podamos bailar… los tres…

(PEPE *sale de su ensimismamiento.*)

PEPE   ¡Sí! Sí, por supuesto. (PEPE *enciende el re-productor de música en la estantería de libros y enlaza su móvil.*) A ver… el «brutus…». Cotorra… conectando… ¡Ya está! ¡Música, maestro!

(PEPE *pone en el reproductor* «Down under» *de* Men At Work *a todo volumen. Los tres se ponen a bailar con las copas en las manos.* CARMEN *y* MÓNICA *bailan sensualmente, con la intención de excitar a* PEPE. *Las risas y las copas van y vienen.* PEPE *está desatado. Después de bailar un buen rato,* PEPE *baja el volumen de la música y, con el alcohol subido, entre risas, se sienta en el centro del sofá.* MÓNICA *mira la hora. Hace una señal a* CARMEN *y, con una risa fingida, se sientan en el sofá a ambos lados de* PEPE.)

CARMEN   ¡Ja, ja…! ¡Ay, qué bueno!

PEPE   (*Con signos de ebriedad.*) ¡Sí! ¿Verdad? «Oyes…» ¿Y «vusotras» vais a votar?

MÓNICA   Sí, por supuesto. Pero el voto es secreto.

PEPE   ¡Venga ya!

CARMEN   Yo voto siempre a la izquierda.

MÓNICA   Porque no tienes ni idea.

CARMEN   (*Riendo.*) ¡Calla, tonta!

PEPE	Yo… es que siempre he votado a la derecha… pero ahora no sé… no sé si ir a votar.
MÓNICA	Pues, si no sabes, mejor te quedas en casa.
CARMEN	¡Que no, hombre! Hay que votar… Y votar por alguien… Nada de en blanco, nulo o meter una loncha de chorizo en el sobre…
PEPE	¡Ja, ja…! Eso estaría bien… una loncha de chorizo…
MÓNICA	(*A* PEPE.) ¿Otra copita de vino? Me estoy quedando seca.
PEPE	¡Marchando! (PEPE *se levanta con dificultad, ayudado por las chicas. Coge la botella de vino de la mesa y llena la copa de* MÓNICA. *Escurre las últimas gotas.*) Voy a por otra botella.
CARMEN	¡Sí, porfa!
	(PEPE *hace mutis.*)
MÓNICA	(*A* CARMEN, *en voz baja.*) ¡Ya casi es la hora!
CARMEN	(*En voz baja.*) ¡Vale!
	(PEPE *vuelve con otra botella de vino, va hacia la mesa y la descorcha.*)
PEPE	¡Aquí está!

(PEPE *se acerca al sofá. Rellena la copa de* CARMEN *y la suya. Deja la botella sobre la mesa.*)

MÓNICA   ¡Ven acá, cariño! Siéntate con nosotras.

(PEPE, *con una borrachera descomunal, se vuelve a sentar entre las dos chicas, complacido.*)

PEPE   ¡Y, bueno! (*Mirando a una y a otra.*) Aquí estamos.

(CARMEN *y* MÓNICA *miran a* PEPE *con aparente lujuria y, a la vez, empiezan a bajarle el pantalón de pijama. La pastilla azul ya ha empezado a hacer su efecto.* PEPE *termina de quitarse el pantalón y lo lanza lejos, quedándose en gayumbos.* CARMEN *empieza a acariciar el muslo de* PEPE. MÓNICA *hace lo mismo en su lado.* PEPE *está como una moto.*)

MÓNICA   (*Mirando a los ojos a* PEPE, *sin dejar de acariciarlo.*) Pues, sí. Aquí estamos. ¡Salud! ¡Y que vivan las erecciones!

PEPE   (*Turbado.*) ¿Las…?

MÓNICA   (*Sarcástica.*) ¡Elecciones, quería decir! ¿En qué estaría yo pensando?

(*Los tres ríen relajados.*)

CARMEN   ¡Chin chin!

PEPE   ¡A vuestra salud!

MÓNICA   (*Pícara.*) ¡Hasta el fondo!

                   (PEPE *mira a* CARMEN *con deseo, pretendiendo ser ingenioso.*)

PEPE   Eso dentro de un momento...

                   (MÓNICA *le da un codazo a* PEPE *en el costado.*)

MÓNICA   Oye... ¿y por qué no abres la otra puerta del armario? Ya sabemos lo que hay...

CARMEN   ¡Buena idea!

PEPE   Ss... Sí... ¿por qué no?

                   (PEPE *se levanta una vez más con dificultad. Va a la estantería y coge una pequeña llave de la balda más alta. Se acerca al armario. Las chicas se levantan y van detrás de él.* PEPE *abre la puerta izquierda. Numerosos arneses de cuero, máscaras de látex, látigos y palas de azote llenan la mitad superior de ese lado del armario. La mitad inferior son tres cajones grandes. El más bajo tiene otra llave.*)

MÓNICA   ¡Madre mía! ¡Qué arsenal!

CARMEN   (*Absorta.*) ¿Tienes pinzas para los pezones?

(PEPE *abre el primer cajón desde arriba. Muestra diversos artilugios, pinzas, plumas, esposas...*)

MÓNICA (*A* CARMEN.) ¿Y tú cómo sabes de estas cosas?

CARMEN Una, que se informa.

MÓNICA (*A* PEPE.) ¿Y tendrás... dildos?

(PEPE *abre el segundo cajón. Muestra numerosos juguetes, vibradores, succionadores y penes de silicona.*)

CARMEN ¡Dios! Sí que estás preparado...

MÓNICA (*A* PEPE.) Y... ¿en el tercer cajón? Tiene llave.

PEPE Es para gente experimentada. (*Arruga la nariz.*) Hoy no es día.

MÓNICA Pues... vamos a ello.

(CARMEN *se quita los pantalones cortos y* PEPE *la camisa del pijama. Los tres jóvenes empiezan a colocarse de forma divertida diferentes arneses de cuero sobre su ropa interior. Ríen despreocupadamente. Cogen sus copas. Las apuran hasta el final y las dejan sobre la mesa. Se sientan otra vez en el sofá, con* PEPE *en el medio.* MÓNICA *vuelve a mirar su reloj de pulsera.* PEPE *se percata de ello.*)

PEPE

¿Qué...? ¿Tienes algo que hacer ahora?

MÓNICA

¡Que no, tonto! Es la costumbre. Pero, ya son las ocho y media. ¡Se ha pasado la hora sin sentirlo!

(PEPE, *ebrio, mira a* MÓNICA *con ojos de salido.*)

PEPE

Ahora sí que vas a sentirlo.

(PEPE *se acerca a* MÓNICA *con la intención de besarla.* MÓNICA *le hace una «cobra». Se escucha que la puerta se abre y se cierra con un golpe. Se oye la voz de* BETTY.)

BETTY

(*Voz en off.*) *Chéri!* Un vecino salía del portal y no me hizo falta tocar el telefonillo.

(CARMEN *y* MÓNICA *se arriman a* PEPE *y le pasan un brazo por encima de los hombros, mientras con la otra mano lo sujetan de los muslos. Cuando* PEPE *intenta levantarse, le resulta imposible.*)

CARMEN

¡Muy oportuno el vecino!

PEPE

(*Titubeando.*) ¡Mi... mujer!

MÓNICA

Sí, cariño. ¡Sorpresa!

(*Sale a escena* BETTY, *con un bolso grande de mano.*)

BETTY   *Mon Dieu!*

(BETTY *queda paralizada, al igual que* PEPE, *boquiabierta.* CARMEN, *al ver a* BETTY *en la entrada del apartamento, se levanta de un salto.*)

CARMEN   ¡Betty! ¿Qué haces tú aquí...?

BETTY   (*Al borde del desmayo.*) Ca... Ca...

(MÓNICA, *con los ojos como platos y la mandíbula desencajada por el descubrimiento, se levanta resignada.*)

MÓNICA   ¡Otra para el logopeda...!

(MÓNICA *sonríe con una mueca de aceptación.* CARMEN, BETTY *y* PEPE *permanecen petrificados, como estatuas. La música que estaba sonando se interrumpe de pronto con el sonido que hace una aguja al rayar un vinilo. Automáticamente, empieza a reproducirse por unos segundos la voz de la astróloga peruana.*)

VOZ   (*En off.*) ¡Ay, pe... pe...!

(Se escucha insistentemente el desagradable sonido del telefonillo. Y, mientras empieza a sonar «Ballroom Blitz» *de* The Sweet, *se hace un...)*

Oscuro.

Esta primera edición de *infidelidades, venganzas y erecciones generales*,
de Jorge Cuadros, terminó de imprimirse
en enero de dos mil veinticinco,
en Madrid